Monika Kriwan | Irmgard Zirkler

Gähntechnikfrei schreiben

Monika Kriwan | Irmgard Zirkler

Gähn technik frei schreiben

Worte, die wirken.

 GOLDEGG VERLAG

Bildrechte Autorenfoto: © Thomas Unterberger
Gestaltung Umschlag: Alexandra Schepelmann | donaugrafik.at

Der Verlag und seine Autorinnen sind für Hinweise oder Meinungen dankbar. Bitte wenden Sie sich diesbezüglich an verlag@goldegg-verlag.com.

Der Goldegg Verlag achtet bei seinen Büchern und Magazinen auf nachhaltiges Produzieren. Goldegg Bücher sind umweltfreundlich produziert und orientieren sich in Materialien, Herstellungsorten, Arbeitsbedingungen und Produktionsformen an den Bedürfnissen von Gesellschaft und Umwelt.

ISBN: 978-3-99060-137-2

© 2019 Goldegg Verlag GmbH
Friedrichstraße 191 • D-10117 Berlin
Telefon: +49 800 505 43 76-0

Goldegg Verlag GmbH, Österreich
Mommsengasse 4/2 • A-1040 Wien
Telefon: +43 1 505 43 76-0

E-Mail: office@goldegg-verlag.com
www.goldegg-verlag.com

Layout, Satz und Herstellung: Goldegg Verlag GmbH, Wien
Printed in the EU

Inhaltsverzeichnis

Vorwort oder: Was heißt hier gähntechnikfrei?

Floskeln Sie noch oder schreiben Sie schon? Oder andersrum: Schlafen Sie auch fast ein, wenn Sie sich durch antiquierte Textwüsten quälen müssen? Trockene Hauptwortkonstruktionen, nicht enden wollende Schachtelsätze und abstrakte Nullbotschaften. Sie können gar nicht aufhören zu gähnen? Dabei geht es nicht nur darum, ob Sie Texte verstehen. Vielmehr darum, ob Sie sie überhaupt verstehen wollen. Etwa, weil Sie einen Nutzen darin sehen.

Und dann gibt es noch die andere Seite. Firmen, die Sprache als Spiegel ihrer Unternehmenskultur verstehen. Vorreiter IKEA hat schon vor Jahrzehnten erkannt, dass man schreiben kann, wie man spricht. Frech und fröhlich – und obendrein noch mit dem Du-Wort für alle. In diesem Buch finden Sie noch zahlreiche andere sprachliche Musterschüler.

Eigentlich erstaunlich, dass die abstrakten Textwüsten trotz wachsender Informationsflut noch immer zu finden sind. Vielleicht liegt es daran, dass in Sachen Sprache alle gerne mitreden – das erinnert an die vielen selbst ernannten Fußballtrainer. Und dann bleibt doch alles beim Alten – die verstaubten Formulierungen werden nicht angetastet. Auf Kosten von Wiedererkennung und Alleinstellung des Unternehmens.

Verschenktes Potenzial? Allemal und im schlimmsten Fall sogar Vertrauensverlust. Oder würden Sie einem jungen Start-up glauben, das mit antiquierten Floskeln um sich wirft? Klaffen Werbung und Alltagskorrespondenz auseinander, leidet die Marke. Abgesehen davon kosten Investitionen in Unternehmenssprache vergleichsweise einen Pappenstiel.

Sie wollen verständlich schreiben? Ihre Leserinnen und Leser zu Fans machen? Und zusätzlich auch Ihre Marke unterstreichen? Dann ist unser Buch genau richtig für Sie. Es trägt den Titel »Gähntechnikfrei schreiben«, denn Texte müssen aufwecken, damit sie wirken. Mit zahlreichen Praxisbeispielen von ansprechenden Angeboten bis zu sinnstiftendem Storytelling. An dieser Stelle ein Dankeschön für die vielen Inputs und herzlichen Gespräche von und mit unseren Kundinnen und Kunden zu diesem Buch. Wer wir sind? Unermüdliche Wortwerkerinnen, wenn es um verständliche und markante Sprache geht. Und 2 von 7 Partnerinnen und Partnern von wortwelt®, Österreichs 1. Agentur für textfrische Unternehmenssprache. Über 150 Sprachprojekte haben wir seit 2001 im deutschsprachigen Raum begleitet. Spätestens jetzt wollen wir das vollständige wortwelt®-Team vorstellen: mit Axel Ebert, Ralf Tometschek, Karin Krobath, Markus Ruppnig und Johannes Angerer. Denn wir geben Ihnen alle unser Wort. Welches? Lesen Sie am besten gleich weiter.

Monika Kriwan und *Irmgard Zirkler*

www.wortwelt.at

Was muss ein guter Text können?

1. Sie werden verstanden

Leserinnen und Leser wollen es heute einfach und klar. Die Realität sieht aber anders aus:

Sorgfaltspflichten von Banken umfassen neben der genauen Identitätsfeststellung risikobasierte Maßnahmen, um Informationen über Zweck und Art der angestrebten Geschäftsbeziehung einzuholen.

Verstehen Sie hier auch nur Bahnhof? Das wundert uns nicht. Dieser Satz ist keine Erfindung von uns, sondern stammt tatsächlich aus einem Kundenprojekt. Eine Ausnahme? Keinesfalls: Immer mehr Leute greifen zum Hörer, weil sie vor allem Rechtstexte von Unternehmen nicht mehr verstehen. Das kostet die Firmen Zeit und Geld. Und genau darum rufen sie uns an.

Früher waren lange und komplizierte Formulierungen ein Zeichen von Bildung. Warum ist das heute nicht mehr so? In Zeiten von Social Media und Co haben sich unsere Lesegewohnheiten verändert. Denken Sie nur ans Zeitunglesen. Lesen Sie noch jeden Artikel von Anfang bis Ende durch? Wahrscheinlich nur solche, die für Sie persönlich interessant sind. Oder aus denen Sie einen Nutzen ziehen können. Aber dazu später mehr.

Noch krasser wird es bei Online-Texten. Picken Sie sich bei Websites mit Scanner-Blick auch nur noch die wichtigsten Informationen heraus? Dann geht es Ihnen wie den meisten Userinnen und Usern. Online-Text liest man noch selektiver, ist doch der Bildschirm fürs Auge viel anstrengender als das gedruckte Wort. Außerdem: Seit SMS, Facebook, WhatsApp, Twitter und Co lieben wir es kurz und prägnant.

Auch die Lesekompetenz hat in den letzten Jahren abgenommen. Erschreckend sind die Studienergebnisse zu diesem Thema. Sie zeigen allesamt, dass wir unsere Leserinnen und Leser mit komplexen Texten zum Teil völlig überfordern. Ob bei Amtstexten, die gerade einmal von Menschen mit Uni-Abschluss verstanden werden oder bei gendergerechter Sprache. Beispiele dazu finden Sie in den folgenden Kapiteln.

Was aber macht einen Text verständlich? Wie muss er aufgebaut und formuliert sein? Das Hamburger Verständlichkeitsmodell ist da ein praktikabler Wegweiser. Friedemann Schulz von Thun hat dieses wissenschaftliche Modell Anfang der 1970er Jahre mit Kollegen entwickelt. Die Quintessenz: 4 Verständlichkeitskriterien, die heute noch gültig sind.

Wir von wortwelt® haben die Kriterien dieses Modells ein wenig abgewandelt: Texte sind für uns dann verständlich, wenn sie sympathisch, einfach, prägnant und strukturiert sind. Diese Kriterien sind die Basis von allen unseren Sprachprojekten. Bei der Analyse von Kundentexten, beim Üben in unseren Schreibworkshops bis hin zum Neuformulieren. Besonders anschaulich wird die Sache bei Vorher-Nacher-Beispielen. Dabei formulieren wir verständliche Alternativen, die Schreiberinnen und Schreiber Lust auf mehr machen. Bei Fachtexten geht es freilich nicht ohne Fachleute. Gleich im ersten Kapitel beschreiben wir, wie wir sie ins Boot holen. Haben Sie den Eingangssatz noch im Kopf? Was halten Sie davon? Verständlicher?

Als Bank müssen wir Ihre Identität überprüfen und wissen, wofür Sie Ihr Konto verwenden.

Verständlichkeit ist also das A und O des Schreibens. Ein Text, der nicht verstanden wird, frustriert. Ein klarer Text ist hingegen eine Win-win-Situation für alle Beteiligten. Leserinnen und Leser kennen sich aus, fühlen sich wertgeschätzt und wissen, was zu tun ist. Und für Sie als Schreiberin oder Schreiber bedeutet das weniger Rückfragen, mehr Zeit und weniger Kosten.

2. Sie werden gelesen

Nehmen wir an, Sie schreiben wunderbar einfach und verständlich. Und dennoch: Ihr Text wird nicht gelesen.

Sie könnten sagen »blöd gelaufen« und es auf die mangelnde Bereitschaft Ihrer Leserschaft schieben. Wir meinen: Wenn eine Person einen Text schreibt, den viele lesen, muss sich schon aus ökonomischen Gründen die schreibende Person plagen. Also zurück zum Start.

Was könnte der Grund für das Nichtlesen sein? Oft hapert es schon an todlangweiligen Titeln oder an Einstiegssätzen, die Sie zum Gähnen bringen. Oder es liegt an einem zu sachlichen, unpersönlichen Sprachstil. Wenn Ihr Text Ihr Gegenüber nicht neugierig macht und keinerlei Emotion erzeugt, wird er meist nicht gelesen. Die Klassiker: Geschäftsberichte und Protokolle.

Aber selbst in Mitarbeiterzeitungen erleben wir des Öftern einen abstrakten und unpersönlichen Stil. Wo es hier doch vor allem um den Menschen geht. Wie inspirierend sind da Geschichten. Sie ziehen die Leserschaft regelrecht in die Texte hinein und lassen sie nicht mehr los, weil sie persönlich, konkret und spannend sind.

Was schreckt Leserinnen und Leser noch ab? Ungeschickt gegenderte oder nicht gegenderte Texte. Frauen wollen heute direkt angesprochen werden. Das Mitdenken hat ausgedient. Sprachlich ist das jedoch oft der Super-Gau. Binnen-I, Schrägstrich etc. verderben schon einmal einen Text. Unsere Antwort: Gendern Sie mit Hirn und Ihre Texte bringen Lesefreude.

Wenn Ihr Publikum in den ersten Zeilen keinen Nutzen erkennen kann, steigt es ebenfalls aus. Kennen Sie die alte Werber-Weisheit vom Merkmal, Vorteil und Nutzen? Eine hervorragende Übung, die direkt zum Lesernutzen führt. Überlegen Sie, was Ihre Leserschaft interessiert, welche Bedenken und welche Erwartungen sie hat. Genau diese Botschaft gehört dann an den Anfang Ihres Textes.

So flatterhaft Ihre Leserschaft auch sein mag, Sie können sie durchaus bei der Lesestange halten. Was es dazu braucht: Einen Einstieg, der neugierig macht, Worte, die ans Herz gehen und Inhalte, die Ihrer Leserschaft einen Nutzen bringen.

3. Sie werden wiedererkannt

XYZ ist ein innovatives Unternehmen, das sich mit seinen integrierten Lösungen zum Ziel gesetzt hat, aufgrund vertrauensvoller Zusammenarbeit und einer überdurchschnittlichen Arbeitsqualität dauerhafte Kundenbeziehungen aufzubauen.

Erkennen Sie in diesem Text ein junges, dynamisches Startup? Oder erinnert er eher an ein alteingesessenes Unternehmen? Sie sehen: Es geht nicht nur darum, verständlich und ansprechend zu schreiben, sondern auch den richtigen Ton zu treffen.

Sie formulieren Texte im Namen Ihres Unternehmens? Dann legt es vermutlich Wert darauf, dass Sie kein schlechtes Bild auf die Firma werfen. Und im Idealfall macht sich das Unternehmen auch darüber Gedanken, wie der Schreibstil sein Image noch stärker unterstreichen kann. Worte sind wie eine Visitenkarte: Der erste Eindruck zählt. Arbeiten Sie beispielsweise in einem Serviceunternehmen, kann ein zu jugendlicher, flapsiger Stil unpassend sein. Genauso wie verstaubter Amtsstil in einem modernen Forschungsbetrieb.

Markensprache lässt sich jedoch nicht verordnen. Es braucht das gemeinsame Erarbeiten der Tonalität wie passende Stilelemente, geeignete Grußformeln oder bestimmte Schlüsselwörter. Und dann muss experimentiert und geübt werden. Unser wortwelt®-Weg: Zusammen mit beherzten Mitarbeitenden den neuen Stil im ganzen Unternehmen lebendig machen – vom Kundenmail, dem Angebot bis zur Bewerberabsage.

Verständlicher und persönlicher Stil sind die Basis. Markensprache ist das Sahnehäubchen – sie erhöht die Wiedererkennung und unterstreicht die Marke. Sie verlangt aber viel Fingerspitzengefühl. Wird sie übertrieben, kippen Texte leicht ins Werbliche und verlieren ihre Glaubwürdigkeit. Gehirnschmalz ist also nötig, der Aufwand lohnt sich aber allemal. Denn eine durchgängige Unternehmenssprache zeigt, wie Sie ticken.

Vom Fragezeichen zum Klartext

4. Amtstexte, die schimmelfrei sind

Es gibt solche und solche Amtstexte. Manche wiehern, weil sie so amtsschimmelig sind. Andere sind textfrisch – was nicht nur Image-Pluspunkte bringt, sondern allen das Leben leichter macht. Vor allem, weil Texte nicht nachträglich am Telefon erklärt werden müssen.

Tatsache ist: Wer als modernes und serviceorientiertes Stadtmanagement gesehen werden will, muss auch so schreiben. So wie die Stadt Graz, die sich selbst ein großes Sprachprojekt verordnet hat – mit der Unterstützung von Magistratsdirektor Martin Haidvogl: »Es ist wie ein Change-Projekt, es braucht einen langen Atem. Es gibt auch Widerstand und Kritik. Das Wichtigste ist, dass es von oben mitgetragen wird und breit aufgestellt ist.«

7.500 Personen arbeiten und schreiben für ca.

625.000 Bürgerinnen und Bürger im Großraum Graz. Da kommt eine Riesenmenge an Texten zusammen: von Bescheiden und Baustellenankündigungen bis hin zu Merkblättern oder Info-Foldern. All diese Texte müssen geschrieben und vor allem auch gelesen werden.

Für die Schreiberinnen und Schreiber bedeutet das Sitzfleisch beweisen. Denn ein guter Text braucht viel Zeit und Geduld. Ob Inhalt, Struktur oder ansprechender Stil: Es sind viele Schritte bis zu einem perfekten Text. Diese Investition bringt auch etwas – gute Texte sind ein Service für Leserinnen und Leser. Die Texte werden verstanden und gerne gelesen. Die Konsequenzen: positives Image, weniger Rückfragen und damit wiederum mehr Zeit, gute Texte zu scheiben. Also eine Win-win-Situation für alle.

Das Ziel der Stadt und Holding Graz

Die Stadt und Holding Graz haben das Ziel, das modernste Stadtmanagement Europas zu werden. Keine Verwaltung, die die Bürger als Bittsteller sieht, sondern eine serviceorientierte Organisation mit professionellen Kundenkontakten. Dazu gehört auch eine zeitgemäße Sprache, ohne Floskeln und antiquierte Formulierungen. Der Amtsschimmel hat ausgewiehert.

Für Magistratsdirektor Haidvogl sind vor allem verständliche Texte Teil der neuen Servicekultur: »Wenn es uns gelingt, dass sich die Bürgerinnen und Bürger nicht mehr wegen der Sprache ärgern, haben wir viel gewonnen. Dann bleibt nur noch, dass sie sich vielleicht über den Inhalt ärgern.«

So weit, so gut. Das Ziel ist klar, der Weg dorthin aber nicht immer ganz eben. Die wichtigsten Fragen lauten daher: Wie schreibt eine moderne Verwaltung heute? Und wie bringt man 7.500 Menschen zu einem einheitlichen und verständlichen Schreibstil? Zumal hier die Frage nach der Zielgruppe einiges erschwert.

Wer sind denn die Menschen, die die Texte von Graz lesen? Alle, die hier leben oder auf Besuch sind – alt, jung, Menschen mit Migrationshintergrund, Lehrlinge ebenso wie Universitätsabsolventinnen und -absolventen. Also keine klar abgegrenzte Leserschaft, sondern eine mit sehr unterschiedlicher Lesekompetenz.

Lesekompetenz heute

Wie ist es mit der heutigen Lesekompetenz bestellt? Die Level-One-Studie der Uni Hamburg aus dem Jahr 2011 ist die bislang umfassendste Studie zu diesem Thema. Sie zeigt, dass 23 Millionen Erwachsene in Deutschland und Österreich Leseschwierigkeiten haben. Das sind ca. 20 Prozent aller, die nur einzelne Wörter oder ganz einfache Sätze aus einem vertrauten Themenbereich lesen und verstehen können. Sie sind auf dem Kompetenzlevel A1 und A2, also auf dem niedrigsten Sprachlevel.

Sie glauben, das sind vor allem Menschen mit einer anderen Muttersprache als Deutsch? Weit gefehlt. Mehr als die Hälfte der Menschen mit Leseproblemen haben Deutsch als Muttersprache. Und wie PISA und Co zeigen, zieht sich das Problem durch alle Bevölkerungsschichten und viele Berufsgruppen.

Die erschütternde Wahrheit: Die meisten Texte von Ämtern oder Firmen verlangen den Kompetenzlevel C1, um verstanden zu werden. Das ist der letzthöchste. Diese Texte zeichnen sich durch ein breites Spektrum komplexer Sachinhalte aus. Der Verlag »Spaß am Leben« und die Uni Hamburg gehen davon aus, dass 68 Prozent der Texte auf dem Level C1 sind, sich jedoch nur noch 5 Prozent der Leserschaft auf diesem Kompetenzlevel befinden.[1]

Langer Rede, kurzer Sinn: Die meisten Texte werden von ihren Leserinnen und Lesern nicht mehr verstanden – und das gilt natürlich auch für die Grazer Texte. Wie bekommt man nun die verschiedenen Zielgruppen auf einen Nenner, ohne ins banal Einfache abzurutschen?

Verständlichkeit als Gradmesser

Am besten Sie durchleuchten erst einmal das Verständlichkeitsniveau Ihrer Texte. Eine gute Basis dazu sind unsere wortwelt® Kriterien: sympathisch, einfach, strukturiert und prägnant.

Als Vorlage dient uns das Hamburger Verständlichkeitsmodell von Friedemann Schulz von Thun, Reinhard Tausch und Inghard Langer. Alt, aber gut trifft es auch heute noch den Nagel auf den Kopf. Denn Verständlichkeit hängt von mehreren Faktoren ab – mit einfacher Sprache allein ist es nicht getan.

Warum ist Sympathie für die Verständlichkeit wichtig? Ganz einfach: Sympathischen Texten geben Sie eine Chance. Sie lesen sie, auch wenn Ihnen der Inhalt auf den ersten Blick nicht so wichtig erscheint. Vor allem öffentliche Institutionen können besonders punkten, wenn sie einen sympathischen Stil verwenden.

Viel erreichen Sie mit einer aktiven Sprache. Welch einen Unterschied macht es doch, ob *Ihnen Unterlagen zugeschickt werden* oder ob Sie lesen: *Gerne schicken wir Ihnen die Unterlagen zu.* Die kleinen Wörtchen *gerne* und *wir* sind die Hebel. Als Leserin oder Leser haben Sie es plötzlich mit Menschen zu tun und nicht mit einer distanzierten Organisation.

Geradezu unfreundlich wirken Infinitivkonstruktionen. Statt eines freundlichen *Bitte unterschreiben Sie den Antrag* reiben Ihnen gerade Ämter oft ein unfreundliches *Der*

Antrag ist zu unterschreiben unter die Nase. Solche Formulierungen passen möglicherweise in einen Kasernenhof, in einer kundenorientierten Organisation haben sie jedoch nichts verloren.

Weitere Klassiker sind beispielweise auch Floskeln und nicht mehr zeitgemäße Formulierungen. Wie oft müssen Sie sich durch Textwüsten durchquälen, die übersät sind von Wörtern wie *nachfolgend*, *wunschgemäß* oder *aufgrund*. Sie alle zeigen in eine Zeit, die schon längst vergangen ist. Auch Wörter wie *ersuchen, unterfertigen, übermitteln* sind heute nicht mehr in. Heute *bitten* Sie, *unterschreiben* oder *schicken* Sie etwas.

Und dabei ist es ganz einfach, denn Floskeln können Sie leicht erkennen. Wenn Sie eine Formulierung niemals so aussprächen, ist sie ziemlich sicher nicht mehr zeitgemäß. Antiquiert drückt man sich leichter schriftlich als mündlich aus – Papier ist geduldig. Machen Sie einfach den Test.

Fragen Sie zum Beispiel so Ihren Partner oder Ihre Partnerin beim Frühstück nach der Butter?

Verehrter Antragsteller!
Bezugnehmend auf Ihre Anfrage um 7.12 Uhr betreffend der Zurverfügungstellung der Butter überreichen wir diese wunschgemäß anbei. Es wird höflichst ersucht, selbige nach Gebrauch umgehend zu retournieren. Der Ordnung halber teilen wir noch mit, ...

Wahrscheinlich nicht. Diese Frühstücksszene in Amtsdeutsch stammt aus der Feder unseres wortwelt® Kollegen Axel Ebert.

Sympathisch schreiben ist eine Sache, einfach formulieren eine andere. Menschen neigen beim Schreiben dazu, alle Gedanken in einen Satz zu pressen. Und so sieht er dann aus: mit Satzvorreiter, Einschüben, Klammerausdrücken und Nebensätzen. Gespickt ist das Ganze meist noch mit zahlreichen Hauptwörtern und mit ein paar um ... zu-Konstruktionen. Was passiert? Die entnervten Leserinnen und Leser überspringen Teile oder gleich den ganzen Satz. Steht Wichtiges beispielsweise in einer Klammer, ist die Chance groß, dass diese Information verloren geht.

Sie wollen ein Beispiel dazu? Gerne eines aus Graz:

Alt	Neu
Um für die künftigen räumlichen und technischen Anforderungen des Fuhrparks, auch aufgrund der neuen möglichen Fahrzeuglängen der Straßenbahngarnituren (Verlängerung von ca. 28 m auf ca. 38 m) gerüstet zu sein, wurde die Straßenbahnwerkstätte in zwei Bauabschnitten erweitert bzw. erneuert.	Wir haben unsere Straßenbahnwerkstätte in 2 Bauabschnitten fit für die Zukunft gemacht. Jetzt können wir auch die neuen, bis zu 38 Meter langen Garnituren problemlos warten.

Aber das Grazer Schreibprojekt heißt nicht umsonst Graz verständlich. Und so hat das Projektteam fleißig an vielen solchen Satzungetümen gefeilt. Das Ergebnis: Balsam für die Leserseele.

Mit Struktur zu Schreibkultur

Haben Sie es gerne übersichtlich und klar? Dann ist das dritte Verständlichkeitskriterium sicher etwas für Sie: die Struktur. Da Menschen heute zunehmend weniger Zeit zum Lesen haben, überfliegen sie Texte nur noch. Damit ein Inhalt überhaupt gesehen wird, muss er ins Auge springen – etwa durch eine ansprechende Überschrift. Auch ein Hervorheben in Fettschrift kann helfen. Oder Sie platzieren Ihre Haupt-message ganz einfach an den Textanfang. Wahre Blickfän-ger sind auch Aufzählungen. Augenkamera-Tests zeigen ein-deutig, dass Leserinnen und Leser bei Business-Texten ge-zielt auf Listen blicken.

Achtung: Wie immer im Leben ist ein Zuviel des Guten kontraproduktiv. Texte verlieren ihre Leserschaft, wenn zu viel hervorgehoben ist: Einen ganzen Satz in Fettschrift überlesen Sie wahrscheinlich trotz der Hervorhebung. Auch das Unterstreichen von wichtigen Inhalten ist nicht hilfreich, kann es doch mit einem Link verwechselt werden.

Was ist noch wichtig? Der rote Faden Ihres Textes. Muten Sie Ihren Leserinnen und Lesern nicht zu viel Ge-dankenakrobatik zu. Eine klare Dramaturgie mit einer logi-schen Abfolge hilft, die Leserschaft nicht zu verlieren. Eine solche Logik ist beispielsweise die Abfolge *wenn – dann*. Vor allem bei Texten mit rechtlichen Inhalten unterstützen Sie Ihre Leserschaft, wenn Sie die ohnedies schwer verständli-chen Inhalte besser strukturieren.

Das folgende Beispiel aus Graz zeigt, wie mit diesem kleinen Trick eine schwierige Thematik verständlich wird:

Alt	*Neu*
Gemäß § 29 Abs. 1 Stmk. BauG hat die Behörde einem Ansuchen mit schriftlichem Bescheid stattzugeben, wenn die nach diesem Gesetz für die Bewilligung geforderten Vor-aussetzungen erfüllt sind.	Wenn die rechtlichen Voraus-setzungen für die Baubewilli-gung erfüllt sind, muss die Be-hörde einen positiven Bescheid ausstellen (Rechtsgrundlage: § 29 Abs. 1 Stmk. BauG).

In der Kürze liegt die Würze

Gute Texte sind genau am Punkt. Kein Wort zu viel, keines zu wenig und jedes auf dem richtigen Platz. Doch das ist gar nicht so einfach. Goethe legt man gerne folgenden Satz in den Mund: *Heute schreibe ich dir einen langen Brief, denn für einen kurzen hatte ich keine Zeit.* Das unterschreiben wir sofort, es stimmt durch und durch. Wenn Sie sich für einen Text Zeit nehmen, wird er besser.

Sie überlegen zuerst, was Sie schreiben. Dann denken Sie über eine geeignete Struktur nach und fassen Zusammengehöriges zusammen. Schließlich formulieren Sie den Text. Nach dem Schreiben korrigieren Sie Stil, Grammatik und checken, ob das Layout passt. Bei heiklen Texten lassen Sie Ihre Kolleginnen oder Kollegen drüberlesen. All das braucht Zeit.

Ganz besondere Zeitfresser sind kurze Sätze. Ein Satz mit 45 Wörtern ist schneller formuliert als einer mit 10. Aus Erfahrung wissen wir, dass Menschen im Arbeitsalltag nur ungern Sätze mit mehr als 20 Wörtern lesen. Wie formuliert man einen kurzen Satz, ohne dass er unfreundlich wirkt?

Befreien Sie Ihre Sätze von allem Ballast: beispielsweise von unnötigen Eigenschaftswörtern. Im Business-Kontext brauchen Sie sie kaum. Im Gegenteil, Adjektive erhöhen Ihre Fehlerquote. Wenn von einer *großen* Vision die Rede ist, denken Sie da nicht auch gleich ans Gegenteil: Wie sieht denn eine *kleine* Vision aus? Von *schriftlichen E-Mails* bis hin zu *druckfrischen PDFs* haben uns schon jede Menge Adjektive erheitert.

Aber es sind nicht nur Eigenschaftswörter, die Sätze unnötig lang machen. Auch unsere besonderen Freunde tun das, die Weichmacher. Die Liebe zu Hilfszeitwörtern ist groß: *Dürfen wir Sie bitten* ist ein vielgelesener Klassiker. Warum nicht einfach *Bitte*. Hilfszeitwörter werden nur noch vom Höflichkeitskonjunktiv getoppt. Also der Versuch, eine Aufforderung besonders freundlich zu formulieren: *Könn-*

ten Sie uns schicken oder *Wir würden uns freuen.* Freuen wir uns doch einfach ohne Wenn und Aber, das kommt besser an und verursacht keine Missverständnisse. Denn manche Menschen verstehen den Konjunktiv tatsächlich als Möglichkeitsform und schicken Ihnen das Gewünschte einfach nicht.

Eine andere Geschichte ist ein aufgeblähter Stil. Früher sind Texte gerne ausgeschmückt worden. *Einen Bericht haben Sie erstattet, eine Vereinbarung getroffen, eine Zusage auf schriftlichem Weg gemacht.* Und einen Betrag *in der Höhe* von 5 Euro gezahlt. All das ist tatsächlich unnötiger Ballast. Sie *berichten* heute, *vereinbaren, sagen zu* oder *schreiben.* Und was den Betrag von 5 Euro betrifft, sollte es wegen der geringen Höhe präziser *in der Tiefe* heißen?

Aber Spaß beiseite. Diese Beispiele zeigen, dass prägnante Formulierungen oft mit weniger Hauptwörtern auskommen. Das macht Texte viel leichter lesbar. Vor allem Hauptwörter mit der Endung *-ung* wie Vereinbarung sind recht schwerfällig. Wenn möglich vermeiden Sie auch Hauptwörter mit den Endungen *-keit* oder *-heit*.

Ein prägnantes Beispiel aus Graz:

Alt	*Neu*
Bitte faxen oder schicken Sie uns den gültigen Bescheid des Straßenamtes, da wir ohne diese Genehmigung nicht mit den Montagearbeiten beginnen können.	Je früher Sie uns den Bescheid schicken, desto rascher können wir mit den Montagearbeiten beginnen.

Top-Seller im öffentlichen Bereich

Natürlich ist es am besten, wenn öffentliche Institutionen alle Verständlichkeitskriterien beachten, also sympathisch, einfach, strukturiert und prägnant schreiben. Am meisten punkten sie, wenn sie sympathisch und einfach formulieren. Warum? Bürgerinnen und Bürger sind den Amtsschimmel seit Jahrzehnten gewöhnt. Präsentiert sich eine Verwaltung wie die Stadt und Holding Graz jedoch als moderne Dienstleistungsorganisation, gibt es bei vielen Menschen ein echtes Aha-Erlebnis. Man ist mit kundenorientierten Texten in diesem Bereich noch nicht sehr verwöhnt.

Was heißt das konkret? Nehmen Sie sich die Zeit für ein freundliches Händeschütteln in E-Mails oder Briefen. Ein persönlicher Einstiegs- und Ausstiegssatz schafft meist schon eine angenehmere Atmosphäre. Aber bitte keine 0815-Sätze. *Die Abteilung XYZ hat Ihren Brief vom 20. Mai erhalten.* Dieser Einstieg ist nicht sehr persönlich und sagt auch nicht viel aus. Wie könnte ein Händeschütteln am Montagmorgen also aussehen? *Ich hoffe, Sie hatten ein schönes Wochenende.* Das kann schon mehr. Versuchen Sie wenn immer möglich, einen persönlichen Bezug zu Beginn Ihres Schreibens herzustellen. Das bringt wertvolle Imagepunkte.

Beim Verabschieden ist es ähnlich. Hand aufs Herz: Wie oft haben Sie diesen Schlusssatz gelesen oder selbst verwendet? *Für etwaige Rückfragen steht Ihnen die Abteilung XYZ jederzeit gerne zur Verfügung.* Das klingt so floskelhaft, dass Leserinnen und Leser das Wort *gerne* wahrscheinlich nicht mehr glauben. Auch ist der Begriff jederzeit in vielen Fällen übertrieben. Auch am Sonntagnachmittag freut sich der Absender über Ihr E-Mail? Nur im Falle einer durchgehend geöffneten Hotline ist diese Aussage glaubwürdig.

Probieren Sie es einmal anders. Wie klingt denn das für Sie? *Sie haben noch Fragen? Wir helfen Ihnen gerne weiter: Telefonnummer XXX.* Oder: *Wenn noch Fragen auf-*

tauchen, melden Sie sich bitte gleich bei mir. Ich freue mich auf Ihren Anruf.

Verwaltungen neigen dazu, in der dritten Person zu kommunizieren. Da ist die Rede vom Stadtbauamt, das irgendetwas vorschreibt oder vom Gesundheitsamt, das auf eine Initiative hinweist. Viel persönlicher wird es, wenn Sie sich nicht hinter Ihrer Organisation verstecken, sondern selbstbewusst für sie schreiben oder sprechen. Ein freundliches *Wir* schafft Nähe und zeigt, dass hier Menschen am Werk sind.

Die Stadt und Holding Graz haben sich Wertschätzung und Respekt auf ihre Fahnen geheftet und dies auch in ihrem Schreibleitfaden festgehalten. Ihnen ist ein freundlicher und persönlicher Schreibstil besonders wichtig? Lesen Sie selbst, was sich hier alles positiv verändert hat:

Alt	Neu
Die für die Wasserleitung benötigte Lage der Außenanlagen ist der Holding Graz bekanntzugeben.	Für die Wasserleitung benötigen wir die genaue Lage der Außenanlagen. Bitte geben Sie uns diese bekannt.
Die Ersatzpflanzungen sind in der Rechtskraft dieses Bescheides nächstfolgenden Pflanzperiode von dem Grundstückseigentümer vorzunehmen und ist der Behörde unverzüglich danach schriftlich anzuzeigen.	Als Grundstückseigentümer müssen Sie eine Ersatzpflanzung in der nächsten Pflanzperiode nach Rechtskraft dieses Bescheides vornehmen. Bitte informieren Sie uns unverzüglich schriftlich darüber.
Die Gesundheit und das Wohlbefinden ihrer MitarbeiterInnen sind der Holding Graz sehr wichtig.	Uns ist sehr wichtig, dass Sie gesund bleiben und sich bei uns wohlfühlen.

Der Abschied von Gewohntem ist nicht immer leicht. Sind doch bestimmte Begriffe so richtig in Fleisch und Blut übergegangen. Listen mit Alternativen helfen im Alltag.

Hier ein paar Beispiele:

Bisher	Besser
Abgelten	Bezahlen
Aliquot	Anteilig
Anbei	Gerne schicken wir Ihnen
Allfällig	Eventuell
Anliegen	Bitte, Frage, Wunsch
Aufgrund	Durch, wegen
Avisieren	Ankündigen
Betreffend	Zum Thema, dazu
Diesbezüglich	Dazu, zu
Einlaufstelle	Posteingang
Ersuchen	Bitten
Gemäß	Nach
Hiebei	Daher, hier
Hierorts	Hier, Name der Abteilung
In Evidenz halten	Aufheben
Kontaktieren	Melden, anrufen, schreiben, treffen
Partei	Konkreten Personenkreis nennen
Parteienverkehr	Öffnungszeiten
Retournieren	Zurücksenden, zurückschicken
Rückäußerung	Antwort
unter Bezugnahme auf	Dazu, zu
Unterfertigen	Unterschreiben
Zur gefälligen Kenntnisnahme	Zu Ihrer Information

Übrigens: Die Lieblingsfloskel von Martin Haidvogl ist *aus gegebenem Anlass.*

Wie können öffentliche Institutionen noch Imagepunkte sammeln? Wenn sie nicht abgehoben formulieren, sondern konkret, auf Augenhöhe und mit Nutzen. Auch das ist nicht immer einfach, vor allem wenn es um rechtliche Dinge geht. Auch hier ist Graz ein Vorreiter. Sehen Sie selbst:

Alt	Neu
Widrigenfalls müsste bei fruchtlosem Ablauf das Ansuchen als mangelhaft belegt zurückgewiesen werden.	Je schneller wir von Ihnen hören, desto schneller können wir Ihr Ansuchen bearbeiten und müssen es nicht wegen Mängeln zurückweisen.
Die erfolgte Ersatzpflanzung ist der Behörde (Abteilung für Grünraum und Gewässer) binnen 14 Tagen schriftlich zu melden.	Achtung: Informieren Sie uns bis DATUM schriftlich, dass Sie die Bäume gepflanzt haben.

Der Turbo für »Graz verständlich«

Wie bringt man 7.500 Leute zu einem verständlichen und zeitgemäßen Schreibstil? Auch die engagierteste Projektleitung kann das nicht alleine schaffen. Dazu braucht es viele beherzte Menschen, allen voran das Top-Management. Magistratsdirektor Martin Haidvogl und Vorstandvorsitzender Wolfgang Malik stehen voll und ganz hinter dem Projekt »Graz verständlich«. Bei unzähligen Meetings waren sie dabei – nicht nur zur Begrüßung. Sie haben beispielsweise beim Entwickeln des Sprachstils tatkräftig mitgearbeitet und eigene Informationsveranstaltungen für die Mitarbeitenden abgehalten. Ein klares Bekenntnis für den langen Atem der Unternehmensspitze sind auch Aussagen wie diese von Martin Haidvogl: »Fertig ist das Projekt erst dann, wenn auch der allerletzte Bescheid von Nicht-Juristen verstanden wird.«

Es ist klar, dass Projekte erfolgreicher sind, wenn sie von ganz oben mitgetragen werden. Dennoch, ein Selbstläufer ist das noch lange nicht. Wie hat die Projektleiterin Christina Miedl in Graz dieses Problem gelöst? Sie hat aktiv weitere Mitstreiterinnen und Mitstreiter gesucht. Das Ziel war: Gut geschulte Personen helfen ihren Kolleginnen und Kollegen mit Schreibtipps und Argumenten, warum das Projekt der Mühe wert ist.

Wie ist Graz zu seinen Multiplikatorinnen undMultiplikatoren gekommen? Mit einer kreativen Einladung. Humorvoll forderte sie zum Mitmachen beim Projekt »Graz verständlich« auf:

Verehrte Rezipientinnen und Rezipienten!
Aus gegebenem Anlass geben die Gefertigten bekannt, dass bezugnehmend auf die Zurverfügungstellung von unverkennbaren Schriftstücken Ihre Interessenbekundung höflichst erbeten wird.

Wie bitte?! Sie finden, das klingt holprig? Schreiben Sie auch amtsschimmlisch? Oder werden Sie schon verstanden? Dann machen Sie mit bei der Frischzellenkur für Texte von Magistrat und Holding. Neugierig geworden? Genaueres finden Sie hier: Ihr Leben. Ihre Stadt. Ihr Wort.

Beste Grüße
Martin Haidvogl   *Wolfgang Malik*
Magistratsdirektor   *Vorstandsvorsitzender*

Ein bisschen Bauchweh hatte Christina Miedl am Anfang schon: »Was tun, wenn sich keine Leute melden oder zu viele?« Das Risiko der Freiwilligkeit ging sie schließlich ein und es war goldrichtig. Es meldeten sich ca. 40 Personen, die sich aktiv einbringen wollten.

Nach einer Reihe von Schulungsworkshops war die Grazer Multiplikatorengruppe mit Übungsmaterial und Argumenten für ihre Aufgabe gerüstet. Der nette Nebeneffekt: bereichsübergreifende Kontakte und viel Spaß bei den Trainings. Das zeigten unter anderem die Gegenstände, die von den Teilnehmenden als Symbol für das Projekt mitgebracht wurden: ein Staubwedel, um die Amtssprache zu entstauben, ein Spielzeugauto, damit das Projekt schnell in Fahrt kommt oder ein Aktenzwirn, um die Aktenberge zu bändigen.

Heute sind es in Stadt und Holding Graz rund 60 Personen, die neben ihrem Hauptjob das Projekt unterstützen. Idealerweise sollte es in jeder Abteilung eine Ansprechperson geben. Das ist noch nicht ganz erreicht. Dennoch ist das bestehende Multiplikatorenteam für die Projektleitung eine große Hilfe. Damit gewinnt das Projekt an Breite. In ihren Bereichen helfen sie mit Tipps, wie Texte besser formuliert werden können. Auch klären sie ab, welche Schreiben in einem nächsten Schritt »Graz verständlich« gemacht werden sollen.

Ein absolutes No-Go ist jedoch, ganze Texte für Kolleginnen und Kollegen neu zu schreiben. Ist diese Türe einmal offen, erstickt das Multiplikatorenteam an Schreibarbeit. Und der Lerneffekt ist weg. Informieren, drüberlesen und Tipps geben, das sind die Aufgaben der Multiplikatorengruppe.

Das sprichwörtliche i-Pünktchen

Welche Extras braucht ein erfolgreiches Sprachprojekt noch? Am Anfang ist es wichtig, das Sprachniveau eines Unternehmens kennenzulernen. Welche Texte sind verständlich? Wo gibt es noch Handlungsbedarf? Aus Erfahrung wissen wir, die Probleme liegen selten bei Foldern und Broschüren. Diese formulieren meist Schreibprofis.

Je tiefer man jedoch gräbt, desto häufiger finden sich

unverständliche Texte. Die Klassiker sind Texte mit rechtlichen Inhalten oder jene aus dem Controlling-Bereich. Die oft vorherrschende Meinung: Solche Texte lassen sich nicht vereinfachen, ohne den Inhalt zu verändern. Stimmt nicht, sagen wir. Natürlich können Sie auch solche Texte einfacher formulieren, Sie brauchen dazu nur viel Gehirnschmalz und Zeit. Aber auch interne Schreiben sind oft schwer verständlich formuliert. Beispielsweise werden Textbausteine über Jahrzehnte unreflektiert übernommen und so lesen sie sich dann auch.

Wie war das in Graz? Das Ergebnis der Analyse von rund 100 Texten war erwartungsgemäß durchwachsen. Positiv fielen Folder und Flyer auf, weniger gut Beschwerdeantworten. Fast unlesbar waren die Bescheide. Deshalb war von Beginn an klar, wo wir den Hebel ansetzen mussten.

In einem eigenen Workshop für Rechtstexte befassten sich Expertinnen und Experten damit, wie juristische Texte vereinfacht werden können. Bei diesem Termin waren auch Kritiker des Sprachprojekts mit im Boot. Christina Miedl war von Anfang an klar: Sie muss die wichtigsten Player einbinden, um eine breite Zustimmung zu erreichen. Die Inputs der Teilnehmenden können sich jedenfalls sehen lassen.

Beispielsweise sollen Rechtshinweise, wo immer möglich, in Klammer am Satzende stehen. *Gemäß § 16 StBHG* am Satzanfang hat ausgedient. Aufpassen heißt es auch bei nicht geläufigen Abkürzungen. Dass der § 16 StBHG das Steiermärkische Behindertengesetz betrifft, wissen sicher viele nicht.

Diese Abkürzung ist auch eher nur etwas für Juristinnen und Juristen: *idgF*. Die Langversion *in der geltenden Fassung* verstehen alle.

Unverständliche Rechtstexte sind der Grund, warum Martin Haidvogl immer wieder ärgerlich wird. Als Autor des Ratgebers »Gemeinderecht für Praktiker« weiß er, wovon er spricht: »Rechtstexte haben den Sinn, dass Leute etwas erfahren und sich daran halten. Vielfach wird aber bewusst im Juristenjargon formuliert, um Menschen vom Recht auszuschließen.«

In Graz sollen keine Menschen vom Recht ausgeschlossen werden. Deshalb hat sich ein Kreis von Fachleuten auch mit dem Thema verständliche Bescheide befasst. Die ersten Resultate: einfache Textbausteine und eine gut strukturierte Rechtsmittelbelehrung. Ganz nach dem Motto des ehemaligen Landesamtsdirektors Gerhart Wielinger:»Kompliziert schreiben ist kein Gesetzesauftrag.«

Alt	*Neu*
Gemäß §§ 27 Abs 2 sowie 30 Abs 1 und 2 Steiermärkisches Leichenbestattungsgesetz 2010, LGBl Nr. 78/2010 idF LGBl Nr. 87/2013, dürfen Enterdigungen und Überführungen nur von Bestattungsunternehmen vorgenommen werden.	Nur Bestattungsunternehmen dürfen Enterdigungen und Überführungen vornehmen (§§ 27 Abs 2 und 30 Abs 1 und 2 Steiermärkisches Leichenbestattungsgesetz 2010, LGBl Nr. 78/2010 in der Fassung LGBl Nr. 87/2013).
Mit Mitteilung vom 23. 02. 2017, GZ: A2 GB 352/1985, wurde dem Bescheidadressaten in Wahrung des Parteiengehörs und unter Anführung der wesentlichen rechtlichen Grundlagen – zu diesen darf auf die noch folgenden Ausführungen verwiesen werden – bekanntgegeben, dass aus Sicht des Standesamtes Graz die Änderung des Familiennamens von Freiherr von XXX in XXX geboten erscheint und beabsichtigt ist, diese Änderung von Amts wegen durchzuführen.	Am 23. Februar 2017 haben wir Sie schriftlich informiert, dass wir Ihren Familiennamen von XXX auf XXX von Amts wegen ändern werden. Am XXX fand ein persönliches Gespräch statt, bei dem wir Sie auf die wesentlichen Rechtsgrundlagen hingewiesen haben.

Gegen diesen Bescheid können Sie binnen vier Wochen ab Zustellung Beschwerde an das Landesverwaltungsgericht Steiermark erheben. Die Beschwerde ist bei der Stadt Graz, XXX, schriftlich – in jeder technisch möglichen Form – einzubringen.

Sie können gegen diesen Bescheid Beschwerde an das Landesverwaltungsgericht Steiermark erheben.
– Frist: Sie müssen innerhalb von 4 Wochen ab Zustellung dieses Bescheides Ihre Beschwerde einbringen.
– Form: Die Beschwerde müssen Sie schriftlich einbringen, entweder elektronisch oder als Brief.
– Adresse: Schicken Sie die Beschwerde an Stadt Graz, XXX.

Werbetrommel für das Projekt

Damit Sprachprojekte in Unternehmen schnell unter die Leute kommen, braucht es eine intensive interne Kommunikation. Alle Mitarbeiterinnen und Mitarbeitter sollen wissen, warum ein einheitlicher und verständlicher Schreibstil für ihre Unternehmen wichtig ist. Welche Schritte sind geplant und wer ist beteiligt? Und natürlich beobachten Mitarbeitende ganz genau, ob die Führungsspitze hinter dem Projekt steht.

Die Projektleitung hat »Graz verständlich« von Beginn an intensiv kommunikativ begleitet. Sie hat regelmäßig von den Workshops und Veranstaltungen berichtet – mit Fotos und allem Drum und Dran. Auch hat sie im Intranet eine eigene »Graz verständlich«-Plattform samt Diskussionsforum eingerichtet. Mitarbeitende können dort Fragen zum Projekt oder zu unklaren Textpassagen stellen. Daraus entstehen oft leidenschaftliche Diskussionen. Und ganz wichtig: Es folgt eine klare Antwort von der Projektleiterin oder den Multi-plikatorinnen und Multiplikatoren.

Ein genauer Kommunikationsplan gibt Auskunft, wer wann in welchem internen Medium über das Projekt berichtet. Oft mit einem Augenzwinkern, wie beispielsweise die Wahl eines Titels in der Mitarbeiterzeitung zeigt: *Dortorts muss sterben.*

Außerdem hilft ein Argumentarium der Multiplikatorengruppe, auch unangenehme Fragen zum Projekt zu beantworten.

Zum Beispiel: *»Warum soll ich jetzt plötzlich anders schreiben?«*

Die Antwort: *»Sprache verändert sich und die digitale Revolution hat das Leseverhalten auf den Kopf gestellt. Auch der immer größere Informationsfluss beeinflusst das Leseverhalten.«*

Zusätzlich bekamen die Mitarbeitenden einen Tischaufsteller mit den wichtigsten Infos zum Projekt. Darin sind auch viele Beispiele enthalten, wie »Graz verständlich« umgesetzt werden kann: z. B. die 8 Schreibwerte mit Sprachtipps oder Begriffe, die in Zukunft vermieden werden sollen. Auch gibt es Vorschläge, wie Rechtstexte und Beschwerdeantworten noch einfacher formuliert werden können.

Eigentlich ist der Tischaufsteller mehr als ein Nachschlagewerk. Es ist frisch formuliert und macht dank der grafischen Gestaltung auch Lust auf mehr. Gerne haben die Mitarbeitenden das Helferlein auf ihren Schreibtischen stehen. Immer jene Seite aufgeschlagen, wo es schreibtechnisch noch Luft nach oben gibt.

Gute Beispiele machen Schule. So ist das Handbuch auch immer wieder zum Gesprächsthema geworden. Christina Miedl erzählt: »Eine Stadträtin ist sogar einmal vom Fahrrad abgestiegen, nur um mir zum Handbuch zu gratulieren.«

Viel Reaktion gab es auch auf die jährliche Aktion »Unwort des Jahres«. Im ersten Jahr 2016 nahmen bereits über

300 Mitarbeiterinnen und Mitarbeiter teil. Die stolze Ausbeute: *Sich committen* als Sieger-Unwort, dicht gefolgt von *Spontanvegetation*. Sie wissen nicht, was Spontanvegetation bedeutet? Es steht für Unkraut. *Deadline* wurde als Unwort von einem Mitarbeiter aus der Bestattung genannt und landete auf Platz 3.

Nach den ersten positiven Feedbacks von Bürgerinnen und Bürgern startete die Öffentlichkeitsarbeit. Martin Haidvogl und Christa Miedl stellten das Projekt bei vielen Veranstaltungen in Graz und auch in Wien vor. Und die Pressearbeit trug Früchte: von einem Beitrag im ORF ZIB-Magazin bis hin zu zahlreichen Berichten in Tageszeitungen. Auch einer breiten Öffentlichkeit sollte bewusst werden: Der Amtsschimmel hat in Graz ausgewiehert.

Stolpersteine bei Sprachprojekten

Sprache kann man nicht verordnen, man muss Menschen dafür begeistern. Das ist nicht einfach – vor allem wenn es sehr viele sind wie im Fall Stadt und Holding Graz. Besonders am Anfang gibt es oft hartnäckige Kritikerinnen und Kritiker, die Sprachprojekte boykottieren oder ins Lächerliche ziehen.

Die Erfahrung aus rund 150 Projekten hat uns gelehrt, dass Gefahren vor allem durch Unklarheit entstehen. Beispielsweise, wenn Mitarbeitende nicht in die Stilfindung eingebunden werden. Auch muss man Schlüsselkräfte aus Rechts- oder Technik-Bereichen von Anfang an ins Boot holen. Manche von ihnen leisten sonst erbitterten Widerstand. Flurfunk kann ebenfalls viel Schaden anrichten. Hier hilft eine gut geplante, klare Projektkommunikation. Und damit dem Projekt nicht auf halbem Weg die Luft ausgeht, kann eine engagierte Multiplikatorengruppe wahre Wunder wirken. Und last but not least brauchen Sprachprojekte eine taffe Projektleitung und ein Top-Management mit Rückgrat.

5. Beschwerdeantworten, die beeindrucken

Als Mitarbeiterin oder Mitarbeiter in einem Customer Care Center brauchen Sie manchmal einen guten Magen. So auch im GIS Kundenzentrum. »Verbale Attacken und bösartige E-Mails kommen bei uns im Service immer wieder vor. Deshalb ist es wichtig, unsere Mitarbeiterinnen und Mitarbeiter gut zu schulen. Sonst dreht sich die Eskalationsschraube weiter und der Job geht zu sehr an die Substanz. Gelassenheit ist hier extrem wichtig«, erzählt Harald Kräuter, Geschäftsführer der GIS Gebühren Info Service.

Während unseres wortwelt® Projektes »GIS Klara« haben wir sogar Flüche wie »Ihr sollt in der Hölle schmoren« oder Beschimpfungen à la »Hurensöhne« in Beschwerdebriefen von Kunden gefunden. Auch beleidigende E-Mails wie dieses waren dabei: *Ich verfluche den Tag, an dem ich meinen Fernseher angemeldet habe. Und ich verfluche jedes Mal die Scheißgebühren, die ich unnötig zahlen muss. Ich hasse euch, ich gönne euch mein Geld nicht. Ihr seid Verbrecher, geldgierige Hunde ...*

Derart ausfallende Schreiben sind ungewöhnlich. Möglicherweise liegt es daran, dass Rundfunkteilnehmende hierzulande nicht zu einem anderen öffentlichen Anbieter wechseln können. Oft verzichten Unzufriedene auf Beschwerden und nehmen einfach die Leistungen eines privaten Unternehmens in Anspruch. Bei der GIS geht das nicht. Alle, die mit einem Rundfunkgerät ORF-Sender empfangen können, sind zahlungspflichtige Kundinnen oder Kunden der GIS. Das schafft hie und da Ärger, der sich an den Mitarbeitenden im Service entlädt.

Ute Hablesreiter, Leiterin Customer Care GIS Gebühren Info Service, kann ein Lied davon singen: »Meine 90 Mitarbeiterinnen und Mitarbeiter bewältigen mehr als 800.000 Kundenanfragen pro Jahr, dabei nimmt die Anzahl der Beschwerden zu. Auch der Ton wird rauer.

Dass Beschwerden häufiger werden, liegt im allgemeinen Trend. Menschen haben heute steigende Erwartungen und weniger Scheu, sich zu beschweren. Trotzdem ist die Dunkelziffer der Unzufriedenen nach wie vor sehr hoch. Generell kann man davon ausgehen, dass sogar 50 bis 80 Prozent der Unzufriedenen auf eine Beschwerde verzichten. Je nach Branche gibt es jedoch große Schwankungen. Das deutsche Servicebarometer zeigt beispielsweise, dass Menschen schlechten Service von Flughäfen eher akzeptieren als von Banken.[2]

Beschwerden – Segen oder Fluch?

Beschwerden sind unangenehm – keine Frage. Vielfach werden sie allerdings unterschätzt. Wie oft haben wir gehört: »Es beschweren sich bei uns eh nur wenige und das sind alles Nörgler oder Querulanten.« Das ist jedoch meist eine falsche Einschätzung. Denn im Grunde meinen es Menschen gut mit Ihnen, wenn sie sich mit negativen Erlebnissen bei Ihnen melden. Warum? Sie nehmen sich die Zeit und geben Ihnen Feedback. So erhalten Sie eine zweite Chance: Sie können die Sache wieder gut machen.

Schlimm wird es erst, wenn Enttäuschte nichts sagen, dafür aber auf Facebook und Twitter darüber berichten. Shitstorms sind schnell passiert und dann ist der Imageschaden oft groß.

Sie kennen die Aussage: »Unsere Kunden sind super zufrieden, wir haben nur ganz wenig Beschwerden?« Auch das muss nicht stimmen. Denn die Zahl der Beschwerden sagt wenig über die Kundenzufriedenheit aus. Es gibt viele Gründe, warum sich Menschen nicht beschweren, beispielsweise finden sie es nicht der Mühe wert. Oder sie denken, dass eh keine Reaktion vom Unternehmen kommt. Nicht selten passiert es, dass Unzufriedene dreimal eine Beschwerde schicken, bevor sie eine Antwort bekommen.

Fast in jedem Unternehmensleitbild steht: »Der Kunde ist König.« Dennoch reagieren viele allergisch, wenn Kundinnen und Kunden sich nicht gut behandelt fühlen und das kundtun. Statt Beschwerdezahlen reduzieren zu wollen, sollten Sie sie sich vielmehr über mehr Beschwerden freuen. Sie fragen warum? Damit können Sie die Beschwerdegründe verringern. Denn, wenn Sie wissen, was Ihre Kundinnen und Kunden wollen, können Sie ihren Wünschen entsprechen und so die Gründe für Beschwerden reduzieren. Auch für Innovationen sind Beschwerden gut. Sie zeigen Ihre blinden Flecken auf und helfen Ihnen, auf das richtige Pferd zu setzen.

Und noch ein triftiger Grund, warum Beschwerden ein Segen sind: So paradox es klingt, gutes Beschwerdemanagement erhöht die Kundenzufriedenheit. Menschen, die bei Reklamationen Positives erleben, sind zufriedener als jene, die sich nicht beschweren. Und wenn sie dann auch noch darüber sprechen, sind sie die besten Werbeträger. Man glaubt ihnen.

Alles in allem viele gute Gründe, Ihr Beschwerdemanagement auf Vordermann zu bringen. Vergessen Sie dabei bitte nicht auf Ihre schriftlichen Beschwerdeantworten. Der Ton macht die Musik.

Wann hatten Sie das letzte Mal guten Text?

Im Zusammenhang mit Beschwerden oder Antworten darauf wahrscheinlich schon lange nicht mehr. Lassen Sie sich daher von diesem Käfer aus einem Newsletter von NeumannZanetti & Partner bezaubern:

Liebe Frau Muster,
hier bin ich wieder: Ihr Käfer! (Im Umschlag liegt ein
Schokoladenkäfer.) Ich bin nicht etwa irgendein Käfer,

ganz im Gegenteil: Ich bin ein Gourmet-Käfer! Gerade weil ich bei der Auswahl meines Essens sehr kritisch bin, wähle ich als Überflugschneise immer das Hotel, in dem Sie letzte Woche abgestiegen sind. Und als ich dann aus luftiger Höhe auf Ihren knackigen und gut riechenden Salat-Teller sah, da konnte ich einfach nicht widerstehen – es musste sein. Ich landete mitten auf Ihrem Salat und dann begann das große Fressen.

Was für ein köstliches Festessen das doch war: Noch heute träume ich von Lollo, Löwenzahn, Kresse und Rucola in vollendetem Geschmack. Was für ein Mensch muss dieser Koch sein, der solch schmackhafte Salate zubereiten kann?

Nun habe ich erfahren, dass Sie meine Anwesenheit verärgert hat. Dafür entschuldige ich mich ganz herzlich – so gut es ein Käfer eben kann. Es war nicht meine Absicht, einen schlechten Eindruck zu hinterlassen. Wirklich nicht. Glauben Sie mir – ich habe meine Lehre aus der Geschichte gezogen. Es kann nicht sein, dass ich mich an fremden Salaten satt fresse. Es kann nicht sein, dass ich durch meine Zügellosigkeit dieses tolle Hotel in Verruf bringe. Das sehe ich ein – leider zu spät.

Ein riesengroßes »Entschuldigung« schickt aus dem warmen Süden ein Käfer, der um Verzeihung bittet und Sie so gerne wiedersehen würde. Beim nächsten »Mahl« allerdings aus gebührender Distanz.

Vorfreudige Grüße nach Musterdorf[3]

Dieser Brief hat Seltenheitswert, aber es gibt auch noch andere Beschwerdetexte wie beispielsweise die folgenden Facebook-Postings bei der Deutschen Bahn:

Meine liebste Deutsche Bahn,
seit vielen Jahren führen wir nun eine abenteuerliche Beziehung. Wir haben Tiefen überstanden, in denen du sehr einengend und besitzergreifend warst und mich manchmal überraschend mehrere Stunden festgehalten hast, weil es dir nicht gut ging. Ich verstehe ja, dass dich der Winter so überrascht hat. Für uns kam er auch so plötzlich. Ich bin da ja nicht nachtragend. Auch eine Ausrede im September, wo es laut deinen Aussagen auch schon gewisse Störungen wegen Glatteis gab, habe ich schmunzelnd hingenommen. Ich bin so gerührt, dass du so viel Zeit mit mir verbringen möchtest. Als ich dich um ein bisschen mehr Freiraum gebeten habe, hast du das toleriert und kamst einfach immer ein bisschen später. Pünktlichkeit ist nicht deine Stärke, das weiß ich ja. Auch darüber sehe ich meist noch hinweg.

Dass du mich jetzt aber bei klirrender Kälte fast 45 Minuten warten lässt ohne Bescheid zu sagen und dann gar nicht auftauchst, das geht nun wirklich zu weit. Stets war ich tolerant und finanzierte deine Späßchen jedes Jahr mit mehr meiner kostbaren Taler, damit unser Verhältnis nicht beschädigt wird. Ich finde es sehr schade, dass du unsere aufregende Beziehung so leichtfertig aufs Spiel setzt. Es tut mir sehr leid, aber ich denke nun wirklich über eine endgültige Trennung nach. Ich brauche jemanden an meiner Seite, der zuverlässig ist, nicht nur mein Geld will und auch bereit ist, auf meine Bedürfnisse einzugehen. Und ich habe so jemanden kennengelernt. Er nennt sich Opel und ist immer für mich da. Leider werdet ihr euch nicht kennenlernen. Adieu Deutsche Bahn? – ich bin doch nicht blöd!

Franzi

Hallo, meine liebste Franzi,

es tut mir so leid. Ich weiß, dass ich in der Vergangenheit viele Fehler gemacht habe und nicht immer pünktlich bei unseren Treffen war. Dafür möchte ich mich in aller Form bei Dir entschuldigen. Ich habe die Zeit mit Dir sehr genossen. Manchmal wollte ich, dass sie kein Ende hat. Dass ich manchmal anhänglich bin, weiß ich. Es fällt mir schwer loszulassen. Dass ich Dich mit dieser Zuneigung erdrückt habe, ist unentschuldbar und mein größtes Laster. Dass wir heute einen Termin hatten, habe ich total vergessen. Wo und wann waren wir verabredet? Ich schaue dann gerne einmal in meinem Terminkalender nach.

Ich kann verstehen, dass Du Dich nach etwas anderem umgesehen hast. Eine Frau wie Du bleibt natürlich nicht lange alleine, dass weiß ich. Vielleicht gibst Du mir aber noch einmal die Möglichkeit, Dir zu zeigen, wie viel Du mir bedeutest. Ich werde bei unserem nächsten Treffen auch versuchen, pünktlich zu sein oder Bescheid zu sagen, falls ich mich verspäte.

Ich werde Dich vermissen/mi[4]

Wann gibt es Imagepunkte?

Im Beschwerdealltag haben Sie wahrscheinlich nicht oft mit solch humorvollen Kundinnen und Kunden zu tun. Dennoch gibt es eine Reihe von Möglichkeiten, wie Sie Unzufriedene mit Ihren Schreiben begeistern können.

Geschwindigkeit zählt

Einer der wichtigsten Aspekte: Reagieren Sie möglichst rasch auf Beschwerden. Kunden erwarten heute, dass Sie innerhalb von 24 Stunden antworten. Auch wenn Sie nicht sofort eine Lösung haben, eine schnelle Zwischeninformation beruhigt die Gemüter.

Oft geschieht dies mit automatisierten Antworten. Sie erleichtern zwar Ihre Arbeit, sind jedoch bei den meisten Menschen nicht sehr beliebt. Besonders verärgert Kundinnen und Kunden, wenn der Text nicht zur Beschwerde passt oder keine Antwortmöglichkeit vorsieht.

Hier ein typisches, recht unfreundliches No-Reply-Mail: *Dieses E-Mail wurde automatisch erstellt. Antworten an diese E-Mail-Adresse werden nicht beantwortet.*

Besser Sie informieren, wo sich Menschen im Falle des Falles erkundigen können: *Bitte antworten Sie nicht auf dieses E-Mail. Es ist eine automatische Nachricht. Vielen Dank. Sie haben in der Zwischenzeit Fragen? Dann melden Sie sich bitte unter T: 01 2345677. Wir sind gerne für Sie da.*

Je persönlicher, desto besser

Womit punkten Sie noch? Wenn Sie auf Beschwerden individuell eingehen und den Ärger oder die Sorgen Ihrer Kundinnen und Kunden ernstnehmen. Frei nach Erich Kästner:

Kunden wirken wie verwandelt, wenn man sie als Mensch behandelt.

Was gehört alles dazu? Einfühlungsvermögen, Hilfsbereitschaft und natürlich ein freundliches Wort. Im persönlichen Gespräch ist das einfach. In Schreiben etwas schwieriger.

Sie erinnern sich? Früher war es üblich, zu Beginn einer Beschwerdeantwort die Beschwerde zu wiederholen. Penibel dokumentierte man alles, vom Eingangsdatum bis zu den einzelnen Beschwerdepunkten. Das langweilt Unzufriedene. Sie wissen ja, warum sie sich beschwert haben. Was wollen sie stattdessen? Ernstgenommen werden und schnell eine Lösung.

Heute setzt man genau dort an. Zuerst gibt es wie im persönlichen Kontakt ein freundliches »Händeschütteln«. Nehmen Sie sich Zeit, die angeknackste Beziehung wieder in Ordnung zu bringen: Zeigen Sie Verständnis für den Ärger Ihres Gegenübers. Wenn Fehler passiert sind, entschuldigen Sie sich. Und bedanken Sie sich für die Beschwerde. Ja, Sie haben richtig gelesen! Ein »Danke, dass Sie sich bei uns gemeldet haben« kann Wunder bewirken. Es zeigt Ihre Freude darüber, dass sich die Absenderin oder der Absender die Mühe gemacht hat, eine Beschwerde zu formulieren.

Eine Daumenregel besagt: Je emotionaler eine unzufriedene Person ist, desto mehr müssen Sie in die Beziehung investieren. Sprich in die ersten Sätze Ihres Antwortschreibens. So schaffen Sie es leichter, verärgerte Personen wieder auf eine sachliche Ebene zu bringen.

Wie macht es die GIS? Sie variiert die Einstiegssätze in ihren Beschwerdeantworten – einfühlsam und zur jeweiligen Situation passend.

Es gibt neutrale Einstiegsvarianten, wenn es sich um Fragen oder Hinweise handelt:
- Danke, dass Sie sich mit Ihrer Frage an uns wenden.
- Vielen Dank für Ihren Hinweis.

- Schön, dass Sie sich an uns wenden. Wir haben gleich bei unseren Kolleginnen und Kollegen nachgefragt und ...
- Danke für Ihre Anfrage, die wir gerne beantworten.

Für Beschwerden hat die GIS diese Varianten auf Lager:
- Danke für Ihre offenen Worte.
- Vielen Dank, dass Sie uns die Situation so genau geschildert haben.
- Es tut uns leid, dass Sie Unannehmlichkeiten hatten.
- Wir verstehen, dass Sie enttäuscht sind. Danke für die ausführliche Beschreibung des ...
- Ich verstehe sehr gut, dass Sie verärgert sind. Vielen Dank, dass Sie sich bei mir gemeldet haben.
- Danke für Ihren Hinweis. Wir werden der Sache gleich nachgehen.

Und bei Beschimpfungen verwendet die GIS diese Einstiegssätze:
- Wir verstehen Ihren Ärger, aber bitte bleiben Sie sachlich.
- Gut, dass Sie uns schreiben. Nur so können wir darauf reagieren.
- Danke, dass Sie uns schreiben. Dieser Ton bringt uns allerdings nicht weiter. Lassen Sie es uns bitte sachlich probieren.
- Sie sind verärgert – das haben wir verstanden. Aber es gibt auch eine zweite Seite.

Harald Kräuter zu ausfälligen Beschwerden: »Beleidigungen muss sich bei uns niemand gefallen lassen. Am Telefon können meine Leute nach Vorankündigung auch mal auflegen und so ein verletzendes Gespräch beenden. Und für schriftliche Beschimpfungen haben wir passende Textbausteine. Das sind alles sehr brauchbare Werkzeuge im Beschwerdemanagement.«

Ärmel hochkrempeln

Ist eine positive Stimmung mit den ersten Sätzen in einer Beschwerdeantwort erreicht, geht es zur Sache. Jetzt ist Ihre Initiative gefragt: Gehen Sie auf alle Beschwerdepunkte ein, gleichen Sie unterschiedliche Sichtweisen ab und schlagen Sie Lösungen vor.

Zeigen Sie mit Ihren Worten, dass Sie sich tatkräftig für ein gutes Ergebnis einsetzen. Bleiben Sie dabei nicht allgemein, sondern formulieren Sie Ihre Lösungsvorschläge konkret mit allen Details. Auch wenn Sie keine gute Nachricht überbringen, ist es besser, klare Worte zu finden. Reden Sie daher nicht um den heißen Brei herum. Die Erfahrung zeigt: Ein Nein ist den Menschen zumutbar, wenn es freundlich und wertschätzend formuliert ist.

Ein guter Abschluss bleibt im Gedächtnis

Eine faire Lösung ist fein, eine gute Beziehung jedoch toppt alles. Das Motto: Geht's der Beziehung gut, ist alles gut. Investieren Sie daher zum Schluss Ihres Antwortschreibens nochmals in die Beziehung und hinterlassen Sie einen guten Eindruck. Wie das geht? Manche Unternehmen schwören auf kleine Aufmerksamkeiten als Wiedergutmachung – vom Blumenstrauß bis zum Gutschein. Oder sie beeindrucken einfach durch freundliche Abschiedsworte wie diese:

- Ich hoffe sehr, dass Sie mit dieser Lösung einverstanden sind und wünsche noch einen schönen Tag.
- Was halten Sie davon, wenn wir Ihnen XXX Euro gutschreiben?
- Sind Sie einverstanden, wenn wir Ihnen einen Gutschein schicken?
- Ich kann mir vorstellen, dass Sie mit dieser Nachricht nicht ganz zufrieden sind. Hoffentlich haben wir den-

noch eine Lösung gefunden, die Sie akzeptieren können. Danke für Ihr Verständnis.
- Fein, wenn wir dieses Missverständnis nun klären konnten. Liebe Grüße
- Viel Freude mit Ihrem neuen XXX und einen schönen Urlaub.

Am folgenden Beispiel einer renommierten Auto-Einzelhandelskette sehen Sie die 3 Schritte einer erfolgreichen Beschwerdeantwort nochmals zusammengefasst:

1. Einfühlsamer Einstieg samt Entschuldigung
2. Rasche Lösung
3. Ausstieg mit kleiner Wiedergutmachung

Schönen Tag Herr Mustermann,
ich habe soeben erfahren, dass wir Ihnen ein falsches Ersatzteil geliefert haben. Ich kann mir vorstellen, wie ärgerlich das für Sie war. Danke, dass Sie trotz allem so nachsichtig und freundlich geblieben sind. Bitte entschuldigen Sie.

Wir haben das richtige Ersatzteil schon mit dem Express-Kurier an Sie geschickt – vielleicht ist es schon eingetroffen, wenn Sie diesen Brief lesen. Sie haben Schwierigkeiten beim Einbau? Dann rufen Sie mich bitte an: Maria Muster, Tel: 01007007. Wir helfen Ihnen gerne.

Ärger kostet Energie: Deshalb schicken wir Ihnen mit dem Ersatzteil einen Energie-Riegel. Und wenn Ihnen wieder einmal etwas auffällt, dann rufen Sie uns bitte an: Wir setzen alles daran, dass Sie mit unseren Produkten und Services rundum zufrieden sind.

Freundliche Grüße
Maria Muster

Die No-Gos

Sie wollen wissen, was Sie bei einer Beschwerde alles falsch machen können? Hier eine Auswahl der häufigsten Fehler:

Kundinnen und Kunden bringen Sie mit Sicherheit auf die Palme, wenn Sie ihre Gefühle ignorieren und sofort zur Sache kommen. Getoppt wird das nur noch durch Sätze wie: »Da bin ich nicht zuständig« oder »Ich kann Ihnen nicht weiterhelfen.« Vergessen Sie nicht, dass die Beziehung mindestens genauso wichtig ist wie die Lösung.

Unzufriedene mögen es nicht, wenn Sie ihre Beschwerde bewerten – nach dem Motto »Das ist eh nicht so schlimm«. Verkneifen Sie sich auch gute Ratschläge oder Belehrungen, wie die Person die Sache selbst lösen könnte. Werden Sie stattdessen initiativ und finden Sie eine passende Lösung.

Noch ein Tipp: Weichen Sie bei negativen Nachrichten nicht in die dritte Person oder ins Passiv aus. Besser, Sie stehen dazu und verstecken sich nicht hinter der Organisation – auch wenn das nicht angenehm ist. Ein Beispiel aus der GIS:

Alt	*Neu*
Eine rückwirkende Befreiung, und eine Befreiung am Nebenwohnsitz sind nicht möglich.	Wir können Sie weder rückwirkend noch an Ihrem Nebenwohnsitz von den Gebühren befreien.

Was steht zwischen den Zeilen?

Um Beschwerden zufriedenstellend zu beantworten, brauchen Sie nicht nur Fingerspitzengefühl, sondern müssen die unzufriedene Person auch einschätzen können. Im persönlichen Kontakt fällt das meist nicht schwer. Wie kann man also aus E-Mails oder Briefen herauslesen, wie eine Person tickt?

Eine genaue Analyse des Beschwerdetextes hilft. Lesen Sie ihn daher nicht nur mit der Inhaltsbrille, sondern auch mit der Beziehungsbrille. Was steht zwischen den Zeilen? Viele Rufzeichen etwa deuten auf eine sehr verärgerte Person hin. Auch zynische Passagen zeigen, dass Ihr Gegenüber sauer ist. Und natürlich gibt auch die Wortwahl Aufschluss, wie es um die Beziehung steht. Oft hilft es, den Grad des Ärgers auf einer Skala von 0 bis 100 einzuschätzen. Finden Sie viele beleidigende Passagen, wird der Ärger schon recht hoch sein und nahe bei 100 liegen. Dann ist Feuer am Dach und Sie müssen viel in die Beziehung investieren, um enttäuschte Menschen wieder »einzufangen«.

Der Grad der Verärgerung ist eine Sache, was die unzufriedene Person erwartet, eine andere. Also lassen Sie Ihre Beziehungsbrille weiter auf der Nase und lesen Sie den Text nochmals. Was will Ihre Kundein oder Ihr Kunde? Wo strecken Ihnen Beschwerdeschreibende die Hand entgegen? Ist es eine Entschuldigung? Ist es das Bedürfnis, ernst genommen zu werden? Oder braucht es eine Wiedergutmachung? Wenn Sie das aus einer Beschwerde herauslesen können, haben Sie fast schon gewonnen.

Dann gilt es nur noch, das Antwortschreiben zu formulieren und auf alle Beschwerdepunkte einzugehen. Wichtig ist, dass Sie keinen vergessen. Aus Erfahrung wissen wir: Lassen Sie Beschwerdepunkte aus, ist die Empfängerin oder der Empfänger verärgert. Denn diese Nachlässigkeit wird oft als mangelndes Interesse gewertet. Am besten, Sie machen sich eine kleine Checkliste und haken dann die Beschwerdegründe Punkt für Punkt ab.

Sie wollen wissen, wie die GIS mit Anfragen bzw. Beschwerden umgeht? Gerne zeigen wir Ihnen ein paar Beispiele.

Neutrale Anfrage eines Kunden:

Sehr geehrte Damen und Herren,
ich bitte Sie höflichst um eine Stundung der offenen
GIS Rechnung vom Feb März 2017 bis Juni 2017! Die
Rechnung für April Mai 2017 kann ich bezahlen!
Aufgrund meiner Krebserkrankung seit dem Jahr
2015 und mein Leben im Schuldenregulierungsverfah-
rens bin ich im Moment nicht in der Lage, die offene
Rechnung für Februar und März 2017 zu bezahlen! Ich
brauche kein Mitleid, aber vielleicht kann auf weitere
Spesen und ein Inkassobüro verzichtet werden!

Mit freundlichen Grüßen

Antwort:

Sehr geehrter Herr XXX,
danke für Ihre E-Mail.
Wir haben Verständnis für Ihre derzeitige Situation.
Die Zahlungsfrist der Vorschreibung Februar bis März
2017 verlängern wir bis zum 15. Juni 2017.
Bitte zahlen Sie die Gebühren in Höhe von
53,46 Euro bis zu diesem Termin ein. Es entstehen
keine Mehrkosten.
Haben Sie noch Fragen dazu? Wir sind gerne für Sie
da: 0810 00 10 80.
Montag bis Freitag von 8.00 bis 21.00 Uhr und
samstags von 9.00 bis 17.00 Uhr.

Freundliche Grüße

Beschwerde in beleidigendem Ton:

Sehr geehrter Damen und Herren!
Ich möchte Ihnen nur mitteilen, dass ich mit soforti-
ger Wirkung meine ORF-Gebühren kündige, da mein
Gerät analog ist und über keine Zusatzgeräte verfügt,
um Ihren Schrott zu empfangen und ich bin auch nicht
gewillt mir diese zuzulegen, und über SAT verspüre ich
auch kein Verlangen Ihre Sendungen mir jetzt und in
Zukunft anzusehen, denn die Art von Beeinflussung –
nein danke.
Sollten Sie anderer Ansicht sein würde ich Ihnen
Pflichtliteratur B-VG empfehlen.

Bitte um Kenntnisnahme und Bestätigung.

Antwort:

Sehr geehrter Herr XXX,
Sie sind verärgert, das sehen wir. Jedoch gibt es auch
noch eine zweite Seite.
Sie zahlen Rundfunkgebühren, wenn Sie in Ihrer
Wohnung einen betriebsbereiten Fernseher haben –
auch wenn er terrestrisch ist – und Sie mit analogen
oder digitalen ORF Programmen versorgt werden.
Da dies zutrifft, können wir Ihrem Wunsch nicht
entsprechen. Bitte haben Sie Verständnis dafür.
Sie interessieren sich für die rechtliche Situation?
Gerne hier die genauen Informationen:
Radio- und Fernsehgebühren zahlen Sie, wenn be-
triebsbereite Rundfunkempfangseinrichtungen an
Ihrem Standort vorhanden sind (Rundfunkgebühren-
gesetz, BGBL. Nr. 159/1999 i.d.g.F., § 2 Abs. 1.).
Was bedeutet das konkret? Wenn beispielsweise ein
Fernseher oder ein Radio vorhanden ist, dann müssen

*Sie diese Geräte melden und dafür Rundfunkgebühren
bezahlen. Dabei ist es egal, wie oft Sie die Geräte ein-
schalten und welche Programme Sie hören oder sehen.
Welche gesetzliche Voraussetzung gibt es noch? Der
Standort Ihrer Rundfunkempfangseinrichtung muss
terrestrisch mit ORF Programmen versorgt sein. Da
dies in Ihrem Fall zutrifft, müssen Sie Rundfunkgebühren inkl. Programmentgelt zahlen – obwohl Ihr Fernseher ORF Programme nicht empfangen kann. (§ 31
Abs. 10 ORF-Gesetz).*

*Haben Sie noch Fragen dazu? Dann melden Sie sich
bitte wieder bei uns: Tel XXX.*

Freundliche Grüße

Neutrale Beschwerde:

*Sehr geehrte Damen und Herren,
bitte um Aufklärung, warum ich eine Nachverrech-
nung vom April August 2017 in der Höhe von 7,28 €
erhalten habe.*

*Es ist weder ein Grund angeführt noch eine sonstige
Erklärung.*

*Ich habe meine Abgabe pünktlich am 1.3.17
überwiesen.*

Diese Vorgehensweise ist nicht sehr kundenorientiert.

*Wenn es sich hier um eine Erhöhung der Beiträge
handelt, dann bitte diese 7,28 € auf den nächsten Ab-
gabezeitraum draufzuschlagen. Eine Buchungszeile ist
ja bei der Bank auch nicht gratis.*

Freundliche Grüße

Antwort:

Sehr geehrter Herr XXX,
vielen Dank, dass Sie die Halbjahresgebühr März bis
August pünktlich bezahlt haben.
Sie haben Recht: Bei den offenen 7,28 Euro handelt
es sich um eine Gebührenerhöhung ab 1. April 2017.
Allerdings können wir die Gebührenerhöhung nicht
später verrechnen, weil dies einer Stundung der Gebüh-
ren gleichkäme. Die Rundfunkgebühren bezahlen Sie
im Vorhinein.
Es tut uns leid, dass wir keine bessere Nachricht für
Sie haben. Bitte zahlen Sie den offenen Betrag bis XXX
ein. Danke.
Haben Sie noch Fragen dazu? Gerne sind wir für Sie
da: T: XXX

Freundliche Grüße

Die GIS bearbeitet aber nicht nur ca. 7.000 persönliche Anfragen und Beschwerden pro Tag, sondern bewältigt auch
ein riesiges Volumen an Standard-Schriftverkehr. Ein vollau-
tomatisiertes Kundenverwaltungs- und Abrechnungssystem,
Scanner mit Schrifterkennung und ein digitales optisches
Archiv helfen mit, dass die GIS pro Tag rund 40.000 Vor-
schreibungen erstellen kann. Jährlich bearbeitet sie mehr als
10 Millionen Schriftstücke.

Der GIS Kundendienst ist heute ein hochprofessionelles
Multi-Channel Contact Center mit straffen Strukturen, effi-
zienten Abläufen und modernster Technik. »Natürlich kam
das nicht von heute auf morgen«, erzählt Ute Hablesreiter.
»Dass unsere Servicequalität nun auf europäischen Top-Ni-
veau ist, war harte Arbeit. 2010 waren wir das erste Kun-
denkontakt-Zentrum, das nach der EU-Norm EN15838 zer-

tifiziert wurde. Ein erster großer Erfolg, aber wir sind weiter drangeblieben.«

Beispielsweise dokumentiert die GIS laufend die Servicequalität ihres Contact Centers und legt bei der Mitarbeiterauswahl großen Wert auf Professionalität. Regelmäßige Schulungen helfen mit, das Niveau noch zu verbessern.

Deshalb gab es 2017 ein weiteres Highlight für Ute Hablesreiter. Sie wurde »Call Center-Manager des Jahres 2017«. Harald Kräuter ist überzeugt: »Die Verleihung des CAt-Awards bei der größten europäischen Call-Center-Messe ist der Dank für die vielen Anstrengungen meines Teams. Ich bin sehr stolz. Obwohl: Ich persönlich weiß schon lange, dass wir unserem Job auf sehr hohem Niveau machen – jetzt haben wir auch eine offizielle Bestätigung dafür.«

6. Genderfaire Sprache, die alle anspricht

Gendern in Texten ist für Sie kein Thema? Dann lassen Sie sich einmal auf dieses Beispiel ein: *Ein Vater fährt mit seinem Sohn im Auto. Sie überqueren einen unbewachten Bahnübergang, als ein heranfahrender Zug das Auto erfasst. Der Vater ist sofort tot. Der Sohn wird schwer verletzt ins Krankenhaus zur Notoperation eingeliefert. Er liegt im OP, der Doktor kommt herein und sagt: »Ich kann ihn nicht operieren, er ist mein Sohn.«*

Sie meinen auch, hier kann etwas nicht stimmen? Und nein, es ist eigentlich kein Rätsel, auch wenn es als solches im Netz kursiert. Wissen Sie, wie viele hier auf einen zweiten Vater tippen? Dass der Doktor weiblich ist, ist erst gar nicht auf dem Radar. Dabei: Wer sagt schon Doktorin? Oder haben Sie im Krankenhaus den Satz noch nie gehört: »Der Doktor schaut gleich vorbei«? Auf Visite ist aber eine

Ärztin. Oder wie manche völlig daneben formulieren: ein weiblicher Arzt.

Worauf wir hinauswollen: Das generische Maskulinum schließt männliche und weibliche Personen ein, nur wird es in der Praxis nicht immer so verstanden. Frauen mitmeinen funktioniert nicht, hat schon die Studienautorin Elke Heise bei einer empirischen Untersuchung 2000 nachgewiesen.[5] Wir behaupten, heute noch viel weniger als im Jahre 2000. Auch Lehrkräfte werden hier nicken. Wenn Sie Kinder bitten, eine Heldengeschichte zu schreiben, kommen darin vermutlich keine Heldinnen vor.

Und daran ändert auch die berühmte Generalklausel nichts: *Zur leichteren Lesbarkeit gilt bei allen personenbezogenen Formulierungen die männliche Form für Personen weiblichen und männlichen Geschlechts.*

Sie sind immer noch nicht überzeugt? Dann lesen Sie diesen Satz, der immer wieder in Genderleitfäden vorkommt: *Bereits um 1840 schrieben Mathematiker die ersten »Computerprogramme«.*

Seien Sie ehrlich, denken Sie hier Frauen mit? Tatsächlich war es die Mathematikerin Lady Ada Lovelace, die um 1840 das allererste Computerprogramm geschrieben hat.

Es geht um das Wie, nicht um das Ob

Es gibt zahllose weitere Beispiele, die wir hier zitieren könnten. Die sozialen Medien sind voll davon, kaum ein Thema wird so heiß diskutiert, bekämpft oder ins Lächerliche gezogen. Wir starten hier aber keine Debatte über Sinn oder Unsinn geschlechtergerechter Sprache. Wir zitieren hier nicht die Bundeshymne und werden auch Andreas Gabalier nicht zu nahe treten. Uns geht es nicht um das Ob, sondern um das Wie.

Ob Sie das jetzt als Frau oder Mann lesen, ist uns als

Autorinnen dieses Buchs gerade einerlei. Weil wir Sie nämlich direkt mit Sie ansprechen und dadurch mit Hirn gendern. Gendern mit Hirn bedeutet so zu texten, dass gendergerechte Sprache kein Thema ist. Und schon gar keine Texte zerstört.

Die direkte Ansprache entspricht auch unserem Verständlichkeitskriterium sympathisch, das wir in diesem Buch schon erläutert haben. Wer sympathisch schreibt, spricht alle an. Nur wer sich angesprochen fühlt, will Texte lesen. Nur wer sie liest, kann sie auch verstehen. Übrigens: Das Wörtchen »wer« erspart auch den einen oder anderen Genderbedarf.

Aber nicht immer ist es so einfach, liebe Leserin oder lieber Leser bzw. liebe/r Leser/in bzw. liebe(r) LeserIn. Es gibt auch kein Patentrezept – nur eine Speisekarte mit diversen Empfehlungen: von der Doppelnennung über das Binnen-I, diversen Kurzformen wie Schrägstrich-Varianten bis zu neutralen Wortalternativen wie Studierende statt Studenten.

Dafür haben wir uns 2014 die Vorlieben Österreichs Top 500-Unternehmen angesehen und eine Studie beauftragt. Hier ein kleiner Auszug – bevor wir in die sehr männliche Welt der ASFINAG eintauchen. Ein Unternehmen, das wir in nur wenigen Monaten von 0 auf 100 auf genderfaire Sprache eingestimmt haben.

Wie gendern Österreichs Top-Unternehmen?

Vorweg: Wir haben insgesamt 100 Unternehmen befragt, 22 davon aus dem öffentlichen Sektor. In 60 Prozent aller Unternehmen ist gendergerechte Sprache 2014 längst an der Tagesordnung. Das Schlusslicht bildet der Dienstleistungssektor mit 55 Prozent.

Machen wir einen Blick auf die Speisekarte. Für welche sprachlichen Varianten entscheiden sich Österreichs Unternehmen beim Gendern? 66 Prozent wenden die Paarform an, sprechen also Frauen und Männer gleichzeitig an. 55 Prozent entscheiden sich für das Binnen-I. Schräge Schrägschriftvarianten finden sich immerhin noch in 27 Prozent der Fälle. Das Verwenden von neutralen Alternativbegriffen ist in 23 Prozent der befragten Unternehmen Usus. Und die Generalklausel hält sich mit 35 Prozent auch noch hartnäckig. Genderleitfäden gibt es nur in 22 Prozent der Unternehmen, wobei der öffentliche Sektor hier mit 70 Prozent deutlich die Nase vorne hat. Wie sieht es mit der Einstellung der Mitarbeitenden zum Thema aus? Bei 30 Prozent aller Befragten fällt die Bilanz positiv aus, 67 Prozent haben eine neutrale Einstellung und nur 3 Prozent sehen die Sache kritisch.

Letzteres hat uns doch sehr verwundert. Zu laut und zu prominent schienen uns die Gegenstimmen, wenn es um Genderfairness in der Sprache geht. Im Businesskontext wird die Suppe dann doch nicht so heiß gegessen wie gekocht. Unsere Conclusio daraus: Für die nächste Generation sind gendergerechte Formulierungen längst selbstverständlich.

Was hat sich unserer Erfahrung nach seit Erscheinen unserer Studie geändert? Die Fantasie steigt, wenn es um geschlechtsneutrale Formulierungen geht. Und wir sprechen hier nicht nur vom Gerundium, das sich nach dem Vorbild Studierende immer mehr durchsetzt. Auch in diesem Buch werden Sie von Mitarbeitenden oder Teilnehmenden lesen. Ob Kontaktperson oder Führungskraft, Team oder Publikum – neutrale Alternativen setzen sich im Schreiballtag immer häufiger durch.

Die ASFINAG – Diversität beginnt bei der Sprache

ASFINAG ist eine attraktive Arbeitgeberin. Ja, Sie haben richtig gelesen, es beginnt beim Firmennamen: Die ASFINAG ist eine Arbeitgeberin. Noch vor kurzem war die ASFINAG ein verlässlicher Partner auf den Kapitalmärkten. Verlässlich ist sie immer noch, aber im Idealfall als Partnerin. Es gab einen guten Grund, warum die ASFINAG die wortwelt® 2017 mit einem Genderprojekt beauftragte. Sie hatte das Jahr 2017 zum Jahr der Vielfalt ausgerufen. Was lag also näher, als auch die Sprache genderfit zu machen? Hinzu kam die Vision, führend im Autobahnbetrieb zu sein. Das heißt nach vorne blicken und sich von alten Vorurteilen verabschieden. Gendergerechtigkeit konnte da nicht auf der Strecke bleiben.

Erst das Management ins Boot holen

Ein gängiges Vorurteil ist, dass Gendern Texte unverständlich und deutlich länger macht. Damit mussten wir erst aufräumen – bei einer Präsentation vor dem Vorstand und der Geschäftsführung, mehr als 80 Prozent Männer. Der damalige Vorstandsdirektor Klaus Schierhackl stellte sich von Beginn an hinter das Projekt: »Sprache lässt sich nicht verordnen, darum muss es das Management vorleben. Der Fisch stinkt immer vom Kopf her.«

Beispiele wie jenes der Mathematikerin Lady Ada Lovelace eignen sich gut, um das Bewusstsein zu wecken. Einstellungen lassen sich damit aber noch nicht ändern. Das Management muss an eigenen Texten sehen, dass Sprache unter clever gegenderten Texten nicht leidet.

Auch das Gegenteil kann eintreten, wenn antiquierte Floskeln etwa der direkten Ansprache weichen. Im Beispiel finden Sie unter der Überschrift *Nicht gegendert* nicht nur ein generisches Maskulinum. Auffallend ist eine Formulierung, die wir als Kasernenhofstil bezeichnen: Etwas ist zu tun oder hat zu geschehen. Diese Kombination spricht Lenkerinnen vermutlich weniger an.

Nicht gegendert	Kein Genderbedarf
Der Kraftfahrzeuglenker hat das Guthaben der GO-Box rechtzeitig aufzuladen.	Bitte laden Sie das Guthaben der GO-Box rechtzeitig auf.

Die direkte Ansprache funktioniert freilich nicht immer. Wenn Sie aber Texte von Nullbotschaften oder unwichtigen Details befreien, hat sogar die Doppelnennung gut Platz.

Nicht gegendert	Gegendert
Und das haben sich auch 79 Prozent aller Kollegen gedacht, die sich Zeit dafür genommen haben, den Fragebogen bei der großen ASFINAG-Mitarbeiter-Befragung 2016 auszufüllen und auch abzugeben.	Das haben sich auch 79 Prozent der Teilnehmerinnen und Teilnehmer unserer großen Mitarbeiterbefragung 2016 gedacht.

Ein weiterer Alternativvorschlag zeigt, wie ein Satz kreativ umformuliert werden kann und somit nicht mehr gegendert werden muss. Wobei wir hier klar empfehlen, innerhalb eines zusammengesetzten Hauptwortes nie zu gendern. Oder gefallen Ihnen Ausdrücke wie LenkerInnentüre? Ganz schwierig wird es, wenn mehrere Hauptwörter aufeinandertreffen – wie etwa BürgerInnenmeisterInnenbewerberInnen. Auch das soll es geben.

Nicht gegendert	Kein Genderbedarf
Auch eigene Ideen und Vorschläge einzubringen, sollte nach Meinung vieler Mitarbeiter forciert werden.	Ein häufiger Mitarbeiterwunsch: Das verstärkte Einbringen von eigenen Ideen und Vorschlägen.

Festlegen auf den roten Genderfaden

Nach dem Commitment der Führungsspitze folgte eine Analysephase, bei der wir den Gender-Status-Quo bei ASFINAG-Texten erhoben. Es zeigte sich das übliche Stimmungsbild: Externe Texte wie Broschüren, Flugblätter oder Geschäftsbericht waren fast durchgängig gegendert. Sie waren aber selten im Sie-Stil formuliert, wodurch viele Doppelnennungen den Text tatsächlich länger und weniger lesefreundlich machten.

Interne Texte wie Briefe, E-Mails, Protokolle oder Formulare etwa für Mitarbeitergespräche waren meist nicht gegendert. Für den damaligen ASFINAG-Chef Schierhackl heute eine inakzeptable Lösung: »Die Sprache hat viel Macht. Wenn Protokolle der Vorstandssitzung männlich geschrieben werden, obwohl 2 Frauen dabei waren, sagt das etwas aus. Dabei sind es Frauen, die diese Protokolle verfassen. Letztens habe ich einem Protokoll selbst den letzten Genderschliff verpasst. Das hat alle zum Schmunzeln gebracht.«

Workshop mit dem Gender-Projektteam

In einem 3-stündigen Workshop mit dem 6-köpfigen Projektteam unter der Leitung von Julia Zleptnig aus dem HR-Bereich legten wir fest, wohin die Gender-Reise gehen soll. In interaktiven Übungen fixierten wir die Eckpfeiler des Genderleitfadens: Welche Art des Genderns passt zu uns, wie setzen wir es in der Praxis um?

Zu Beginn einigten wir uns auf einen gemeinsamen Projektnamen: ASFINAG Gender-Check. Unsere Erfahrung: Es hilft, wenn diskussionsreiche Projekte einen starken Namen haben. Als dritter Unterpunkt des x-ten Leitfadens ist die Wahrscheinlichkeit größer, dass solche Projekte in der Schublade landen.

Die Ergebnisse der Gruppenarbeit zur künftigen Art des Genderns fiel relativ klar aus:

- Wir-/Sie-Stil als erste Wahl, z. B. für Mitarbeiterzeitung
- Doppelnennung: ja, aber nicht mehr als einmal pro Satz
- Kein Binnen-I wegen Verständlichkeit und Fehleranfälligkeit
- Keine Kurzformen wie Schrägstrich-Varianten
- Kein Gendern innerhalb zusammengesetzter Hauptwörter oder Alternativen suchen, wenn Platz vorhanden: z. b. Service für Kundinnen und Kunden statt Kundenservice
- Neutrale Alternativen für häufige Personenbezeichnung festlegen
- Kongruenzprinzip bei der Marke ASFINAG beachten: Die ASFINAG ist z. b. eine Arbeitgeberin
- Auch Überschriften gendern oder als Provokation z.b. am Weltfrauentag die weibliche Form bewusst verwenden

Spezialfall Stellenanzeigen

Wir haben uns auch ASFINAG-Stellenanzeigen angeschaut. Hier war zwar der Titel gegendert, allerdings fand sich im Text immer wieder das generische Maskulinum. Auffällig waren einige männliche Wörter wie beispielsweise Mannschaft statt Team. Auch der konsequente Hauptwortstil zieht vor allem Männer an. Bei der Bildsprache fiel auf, dass zwar unterschiedliche Männertypen, aber immer nur dieselbe Frau in unterschiedlichen Outfits abgebildet waren.

Hier ein kurzer Exkurs zur Gesetzeslage. Nur Frauen bzw. nur Männer in Stelleninseraten anzusprechen, ist nicht nur in der Überschrift, sondern im gesamten Inseratentext unzulässig. Das generische Maskulinum mit dem Zusatz m/w ist noch kein Gesetzesverstoß. Dennoch ist fraglich, ob es Männer und Frauen gleichermaßen anspricht.

Das deutsche Bundesverfassungsgericht hat im Oktober 2017 zudem geurteilt, dass im Behördenregister neben männlich und weiblich noch eine weitere Möglichkeit geschaffen werden muss. Einfacher als der Gender-Gap oder das Gendersternchen für das dritte Geschlecht sind hier freilich geschlechtsneutrale Stellenbezeichnungen. Etwa Personalleitung statt Personalleiter_in.

Geschlechtsspezifische Stellenausschreibungen sind nur dann zulässig, wenn ein bestimmtes Geschlecht unverzichtbar für die Ausübung der vorgesehenen Tätigkeit ist – das könnte etwa eine Sozialarbeiterin für ein Frauenhaus sein.

Zurück zum ASFINAG Gender-Check: Die Projektgruppe war sich einig, dass das geschlechtsneutrale Formulieren unbedingt im gesamten Inserattext erfolgen muss. Auch die Bildsprache sollte geschlechtsneutral sein, da das Ansprechen von Frauen ja gerade in technischen Berufen oberste Priorität habe.

Ein weiterer Ausnahmefall sind Pressemeldungen. Hier ist das generische Maskulinum oft an der Tagesordnung, weil die Medien vielfach nicht gendern. Auch hier war das Ergebnis des Workshops klar: Keine Ausnahmen für das Gendern – egal, um welchen Text es sich handelt.

Der Gender-Leitfaden für den einheitlichen Auftritt
Warum braucht es überhaupt einen Genderleitfaden? Gespickt mit Beispielen und alternativen Formulierungen ist er vor allem ein Service für Mitarbeitende. Und wenn es auch keine Sanktionen für nicht gendergerechtes Formulieren gibt: Ein Leitfaden kann doch einen sanften Druck ausüben, im Sinne des Unternehmens zu gendern.

Für die Kommunikationsabteilung unterstützt der Leitfaden auch den einheitlichen Schreibstil im Haus – einige Standardschreiben wurden daraufhin umgeschrieben. Das ist auch Klaus Schierhackl aufgefallen: »Die Kommunikationsabteilung nimmt den Leitfaden sehr ernst, erstmals erfolgte die Einladung zur Weihnachtsfeier in direkter Ansprache.« So gesehen ist ein Genderleitfaden auch ein wichtiger Betrag zur Identitätsstiftung eines Unternehmens.

Wie hat sich die Gender-Praxis des Chefs verändert? Klaus Schierhackl: »Ich persönlich versuche oft, mit Ersatzwörtern genderfair zu formulieren. Oder effizienter und einfacher zu schreiben, dann sinkt auch der Genderbedarf.« Diesen beiden Punkten wurde im Genderleitfaden je ein eigenes Kapitel gewidmet – in der Folge ein Auszug davon.

Genderfaire Ersatzwörter

Die Doppelnennung der männlichen und weiblichen Form wird bei Platzmangel oder bei Aufzählungen schnell einmal mühsam. Mit etwas Kreativität bieten sich eine Vielzahl von Ersatzwörtern an. Im Gender-Leitfaden der ASFINAG findet sich eine Liste mit weit mehr als 100 alternativen Bezeichnungen. Einige davon führen wir hier beispielhaft an:

Gewohntes	Alternativen
Ansprechpartner	Ansprechperson
	Kontaktperson
Arbeiter	Arbeitskräfte
	Erwerbstätige
	Beschäftigte
Assistent	Assistenz
Besucher	Gäste
	Publikum
Bewerber	Bewerberkreis
	Bewerbende
	Bewerberpool

Gewohntes	Alternativen
Bewohner	In ... lebende Personen
	Ansässige
Bürger	Mitmenschen, Bevölkerung
	Einwohnerschaft
	Staatsangehörige
	Einheimische
Chef	Führungskraft
	Leitung
Direktor	Direktion
Experten	Fachkräfte
	Fachleute
	Personen mit Expertise
	Personen mit Fachwissen in XXX
Geschäftsführer	Geschäftsführung
Hersteller	Herstellfirma
	Produzierendes Unternehmen
Interessenten	Interessierte
Jeder, jedermann	Alle
Journalisten	Presse
	Medien
	Medienleute
Kandidaten	Kandidatenkreis
	Interessierte
	Talente
Kollegen	Kollegenkreis
	Kollegenschaft
Konkurrent	Konkurrenz
Konsumenten	Kundschaft
	Zielgruppe
Kritiker	Kritische Stimmen
Kunden	Geschäftskontakte
	Kundschaft
	Klientel
Leiter	Leitung
Leser	Leserschaft

Gewohntes	Alternativen
Lieferanten	Lieferfirma
Manager	Führungskraft
	Unternehmensspitze
	Management
Mitarbeiter	Mitarbeitende
	Angestellte
	Beschäftigte
	Mitarbeiter-Team
	Belegschaft
Nachfolger	Nachfolge
Senioren	Menschen im Ruhestand
	Ältere Menschen
Stellvertreter	Stellvertretung
Studenten	Studierende
Techniker	Technische Fachkräfte
	Technikerteam
	Technikerkreis
Teilnehmer	Teilnehmende
	Teilnehmerkreis
Vorgesetzter	Führungskraft
Vorstand	Vorstandsmitglied
	Im Vorstand
	Als Organ: Vorstand
	Als Person: der Vorstand, die
	Vorständin
Zuhörer	Publikum

Den Genderbedarf senken

Kennen Sie diese Einwände? Gegenderte Texte wirken unsympathisch, die Doppelnennung macht Texte viel zu lang oder durch das Gendern verlieren Titel ihren Pepp?

Die Wahrheit ist: Es kommt auf den Text an. Gute, also einfache und prägnante Texte werden durch das Gendern noch besser, weil sie alle ansprechen. Schlechte Texte mit komplizierten Schachtelsätzen, Hauptwortstil oder unnötigen Nullbotschaften werden schlechter, weil die Lesbarkeit noch weiter abnimmt. Klaus Schierhackl hat also recht: Je einfacher Sie schreiben, desto geringer wird Ihr Genderbedarf sein. Im Genderleitfaden heißt es so:

10 *gendergerechte Mach's-dir-leicht-Tipps*

1. Direkte Ansprache: Verwenden Sie statt der unpersönlichen 3. Person den Wir-Sie- oder Ich-Du-Stil – dann ist Gendern gleich kein Thema mehr.

2. Einfacher Satzbau: Vermeiden Sie Schachtelsätze und Einschübe – so verringert sich auch der Genderbedarf.

3. Verben statt Hauptwörter: Verben machen Texte frischer und oft lässt sich mit dem verbalen Umschreiben eine echte Gender-Kopfnuss knacken.

4. Kurze Sätze: Je kürzer der Satz, desto leichter lässt sich die doppelte Paarform unterbringen.

5. Kürzere Texte: Lassen Sie Unnötiges weg und kommen Sie auf den Punkt – so bleibt genug Platz für das Schreiben für sie und ihn.

6. Fragen einbauen: Stellen Sie Fragen direkt an die Zielgruppe, das funktioniert in jedem Text, und damit können Sie auch Schachtelsätze auflösen.

7. Konkret statt abstrakt: Bringen Sie konkrete Beispiele statt abstrakter Abhandlungen – dann kann auch einmal nur sie oder nur er vor den Vorhang.

8. Alternativen suchen: Texte werden dadurch interessanter und Sie vermeiden Wortwiederholungen.

9. Struktur wahren: Auch mit Aufzählungszeichen können Sie den Genderbedarf verringern, weil Sie die Personen nur im Einleitungssatz nennen müssen.

10. Keine Headlines mit Personenbezeichnungen: Hier ist wirklich wenig Platz für doppelte Paarform und Co

Passend zum Jahr der Vielfalt könnte das Motto für gendergerechtes Formulieren bei der ASFINAG auch lauten: Ein
vielfältiges Angebot anstelle des erhobenen Zeigefingers.

Wie gendert die wortwelt®?

Als Wording-Agentur werden wir oft gefragt, wie wir denn
selbst Gender-Kopfnüsse knacken. Und Sie können uns glauben, auch bei uns ist gendergerechte Sprache ein heiß disku-
tiertes Thema. Einig sind wir uns aber darüber: Der erhobe-
ne Zeigefinger bringt tatsächlich niemanden weiter. Je mehr
gegendert wird, umso besser – aber manchmal steht auch
der Wille für das Werk. Ist ein Text zu Beginn sauber gegendert, spricht er Frauen wegen einer einzigen männlichen
Bezeichnung nicht mehr oder weniger an. Und im Übrigen
zeigt unsere Workshop-Praxis: Frauen sind oft die größten
Verfechterinnen des generischen Maskulinums.

Sie werden auch in diesem Buch die eine oder andere bewusst gewählte männliche Form finden. Wenn wir von Be-
denkenträgern schreiben, ist hier vielmehr die Rolle als die
Person gemeint. Auch in Titeln oder bei Claims haben wir
uns dafür entschieden, nicht durchgängig zu gendern. Wir
denken die verschiedenen Geschlechter aber mit und lesen
Texte unter diesem Aspekt bewusst Korrektur. Gerade bei
Jobinseraten hilft die Frage immens: Würden sich auch Frau-
en für diese Stelle interessieren? Manchmal schreiben wir
aber auch ganz bewusst Frauen-Briefe oder Männer-Brie-
fe, wenn es gerade passt. Denn schließlich heften wir uns ja
Textfrische auf die Fahnen.

Es könnte auch darauf stehen: Vorbild statt Verbissen-
heit. Es braucht gewisse Regeln, darum haben wir auch
selbst eine Art Genderbibel verfasst. Hier der Succus:

Die 10 wortwelt® Gender-Gebote

1. Wir denken beim Schreiben Frauen und Männer von Anfang an mit.
2. Wir sprechen Menschen mit Sie oder du an und schreiben im Ich- oder Wir-Stil.
3. Wenn wir Personen direkt anreden, verwenden wir immer weibliche und männliche Formen, also etwa liebe Kolleginnen und liebe Kollegen.
4. Wenden sich Texte an Dritte, gendern wir in der vollständigen Paarform.
5. Wir gendern lesbar und splitten nicht, also keine Formen wie die interessierte/n Mitarbeiter/innen.
6. Wenn wir wenig Platz zur Verfügung haben, verwenden wir das Binnen-I oder neutralisieren das Geschlecht.
7. Wir gendern nicht im Wortinneren oder in Zitaten.
8. Wir sorgen für eine ausgewogene Darstellung von Männern und Frauen in Bildern.
9. Wir gendern alle Texte: von der Website bis zum Pressetext.
10. Wir suchen neue Wege und aktiv nach kreativen neutralen Formulierungen.

Aber es braucht auch Fingerspitzengefühl für die richtige Gender-Wahl. Vieles ist darüber hinaus Geschmacksache wie etwa das Gerundium als Ersatzwort – also Mitarbeitende statt Mitarbeiterinnen und Mitarbeiter. Einige von uns können gut damit, für andere ist diese Lösung grammatikalisch zumindest gewöhnungsbedürftig.

Abschließend noch ein Punkt: Auch das Gender-Thema haben wir mit Blick auf unsere 3 wortwelt® Werte festgeschrieben. Der Wert *einfach* heißt hier lesbar und verständlich, der Wert *ansprechend* wertschätzend und attraktiv für alle und der Wert *markant* frisch und verblüffend stark formuliert.

7. Finanzschreiben, die es auf den Punkt bringen

Haben Sie ein Schreiben zur antragslosen Arbeitnehmerveranlagung erhalten? Dann sind Sie in guter Gesellschaft. 2017 waren es 850.000 Personen, die dieses Schreiben bekommen haben. Und das ist bei Weitem nicht der einzige Text der Finanzverwaltung, der von hunderttausenden Menschen gelesen wird. Die Erinnerung zur Pflichtveranlagung geht jährlich an 170.000 Menschen, das Schreiben zur antraglosen Familienbeihilfe an 80.000 Eltern.

Das kommt teuer

Kennen sich nur 10 Prozent bei der antragslosen Arbeitnehmerveranlagung nicht aus und rufen beim Finanzamt an, dann sind das rund 85.000 Anrufe. Nehmen wir an, ein Telefonat zu diesem Schreiben dauert 2 Minuten – und das ist optimistisch gerechnet. Dann telefoniert eine Mitarbeiterin oder ein Mitarbeiter des Finanzamts schon einmal mehr als eineinhalb Jahre. Ein guter Grund, diese Texte verständlich zu formulieren.

Was sind die größten Stolpersteine bei solchen Schreiben? Ilse Schmalz leitet im Bundesministerium für Finanzen das Sprachprojekt »Finanz verstehen« – ein Teilprojekt der Initiative für mehr Kundenorientierung. Sie sieht die Krux schon bei den unterschiedlichen Zielgruppen: »Steuersachen betreffen Lehrlinge genauso wie Universitätsprofessorinnen – die Spanne ist also enorm breit.

Die zweite Schwierigkeit: Das Thema Steuern ist sehr komplex und die dazu gehörende Begriffswelt ebenfalls. Allein das Wort Arbeitnehmerveranlagung, manchmal auch gegendert als ArbeitnehmerInnenveranlagung, ist nicht für alle verständlich. Im Volksmund ist es noch immer der gute alte Jahresausgleich.«

Das Finanzamt – ein spanisches Dorf?

Es gibt eine Fülle von Begriffen in der Steuerwelt, die vielen wie ein spanisches Dorf vorkommen: von der Vorbescheidkontrolle, der Beschwerdevorentscheidung bis hin zur Feststellung der Anspruchsberechtigung. Auch ist manchen Steuerzahlenden nicht ganz klar, was Pflichtveranlagung oder Antragsveranlagung bedeuten. Selbst die Organisation hat wegen ihrer Fülle von Aufgaben unterschiedliche Bezeichnungen: Bundesministerium für Finanzen, Finanzverwaltung, Abgabenbehörde, Finanzamt. Wer soll sich da auskennen?

Es ergibt daher Sinn, die Schreiben der Finanz nicht nur einfacher zu machen, sondern auch einheitlicher. Das Ziel bei dieser großen Menge an Texten ist, Rückfragen und Kritik zu reduzieren. Das spart viel Zeit und Kosten. Ein nicht unwichtiger Nebeneffekt: Auch das Image des Bundesministeriums für Finanzen wird aufpoliert. Verständliche Texte signalisieren Augenhöhe und Steuerzahlende fühlen sich nicht mehr als Bittsteller bei einer Behörde.

Was in der Theorie so leicht klingt, ist in der Praxis jedoch ein schwerer Brocken. Ilse Schmalz kennt das Killerargument nur zu gut: »Vereinfachen heißt die rechtliche Richtigkeit gefährden. Das ist ein No-Go für eine Behörde.«

Steter Tropfen höhlt den Stein

Wie gelang es, das Bewusstsein für kundenorientierte Schreiben im Bundesministerium für Finanzen zu schärfen? Das ging nicht von heute auf morgen. Viele Schritte waren zu gehen.

Begonnen hat es mit dem Erarbeiten des neuen Schreibstils. Dazu haben wir von wortwelt® eine ganze Reihe von Workshops moderiert. Rund 50 Mitarbeiterinnen und Mitarbeiter aus 20 unterschiedlichen Organisationseinheiten waren mit dabei. Gemeinsam haben wir die Säulen des neuen Stils festgelegt: Was soll in Zukunft einheitlich sein wie zum Beispiel Satzzeichen oder die Schreibweise von Ziffern und Zahlen. Und wo braucht es besonderes Fingerspitzengefühl und ein unterschiedliches Herangehen. Für Bescheide etwa gelten andere Regeln als für Antworten auf Kritik oder für Formulare.

Wichtig war auch ein durch und durch pragmatischer Zugang. Das hat dem Projekt den nötigen Schwung gegeben: Etwa dort zu beginnen, wo es weniger Hürden gibt – beispielsweise bei den Schreibstandards. Oder bei jenen Schreiben, die aufgrund von gesetzlichen Änderungen ohnehin neu erstellt werden mussten. In Kleingruppen haben Expertinnen und Experten jene Begründungen von Bescheiden umformuliert, die am häufigsten vorkommen.

Dieses Step-by-Step-Vorgehen trägt bereits erste Früchte. Derzeit sind mehr als 100 solcher neuen Begründungspassagen in Bescheiden genehmigt.

Alt	*Neu*
Unter Wahrung des Parteiengehörs wurden die von Ihnen geltend gemachten Aufwendungen hinterfragt. Da trotzdem die benötigten Unterlagen (zum Teil) nicht beigebracht wurden, konnten die Aufwendungen in freier Beweiswürdigung nur in Höhe der nachgewiesenen bzw. glaubhaft gemachten Aufwendungen berücksichtigt werden.	Trotz Aufforderung haben wir nicht alle Unterlagen erhalten. Daher haben wir nur die nachgewiesenen Aufwendungen berücksichtigt.

Aufwendungen sind steuer-
lich grundsätzlich nur für das
Kalenderjahr abzugsfähig, in
dem die Verausgabung stattge-
funden hat. Jene Ausgaben, die
nicht im Veranlagungszeitraum
gezahlt wurden, konnten daher
nicht berücksichtigt werden.

Wir haben nur jene Ausgaben
berücksichtigt, die im Veranla-
gungsjahr gezahlt wurden.

Startpunkt: Formvorgaben

Pragmatisch vorgehen heißt dort zu beginnen, wo Sie leicht
und schnell punkten können. In Sprachprojekten ist das oft
der Rahmen für einen einheitlichen Schreibstil wie Zahlen,
Datumsangaben etc.

Die Projektgruppe »Finanz Verstehen« hat ähnlich wie
bei Schriftarten und -größen eines Corporate Design Manual bestimmte Formstandards für das Bundesministerium
für Finanzen festgelegt. Schreiberinnen und Schreiber sollen
diese Vorschriften einhalten und die Texte damit einheitlicher und leichter lesbar machen.

Ziffern, Zahlen und Co

Sie kennen die alte Buchdrucker-Regel? Zahlen von 1 bis
12 schreibt man aus, danach verwendet man Ziffern. Das
war einmal. Leichter erfassbar sind in Businesstexten er-
fahrungsgemäß Ziffern. Das weiß auch der Duden. Daher
empfiehlt der Leitfaden des Bundesministeriums für Finanzen, Zahlen in ihren Fließtexten als Ziffern zu schreiben.
Außer es stimmt grammatikalisch nicht. *Mit 1 Steuerzahlerin ...* ist falsch. Richtig heißt es: *Mit einer Steuerzahlerin ...*

Wenn wir schon bei Zahlen sind: Wie sehen die Standards zum Euro-Zeichen aus? Auch hier eine Empfehlung, die das Lesen von Texten erleichtert: Das Bundesministerium für Finanzen verwendet im Fließtext kein Euro-Zeichen, sondern setzt das Wort Euro hinter den Betrag.

1.000 Euro ist leichter lesbar, als € *1.000* oder *1.000* €. Nur in Tabellen bleibt das Euro-Zeichen erhalten.

Übrigens: Gibt es keine Kommastellen, lassen sich Kommazeichen ganz vermeiden. *1.000,--* und *1.000,-* sind beide veraltete Schreibweisen.

Und wie hält es das Bundesministerium für Finanzen künftig mit Monatsnamen? Ausschreiben oder Ziffern? Unsere Empfehlung lautete: Monatsnamen ausschreiben. Das erspart manchen Menschen das Nachzählen, welcher Monat mit der Ziffer gemeint ist.

Satzzeichen, Klammern und Aufzählungen

Auch Satzzeichen können das Lesen erschweren. Beispielsweise ist der Strichpunkt heute nicht mehr üblich. Warum? Er lässt Leserinnen und Leser keine Pause zum Verschnaufen. Das Bundesministerium für Finanzen ersetzt ihn einfach durch einen Punkt.

Vorsicht bei Rufzeichen – sie sind ein »lautes« Satzzeichen. Ein *Achtung!* brüllt Leserinnen und Leser an. *Achtung:* mit Doppelpunkt springt genauso ins Auge und wirkt freundlicher.

Für Informationen, die nicht für alle Leserinnen und Leser wichtig sind, empfehlen wir Klammern. Am besten sind Klammerausdrücke am Satzende aufgehoben.

Aufzählungen machen Texte übersichtlicher – das ist nicht neu. Das Bundesministerium für Finanzen empfiehlt zusätzlich: Den Satz vor der Aufzählung mit einem Doppelpunkt zu beenden und dann die Aufzählung mit Großbuchstaben zu beginnen. Bei jedem Aufzählungspunkt.

Seitengestaltung

Flattersatz oder Blocksatz: Was ist besser für das Auge? Der Flattersatz ist eindeutig besser bei Texten, die nicht professionell gelayoutet sind. Beim Blocksatz ergeben sich oft große Zwischenräume zwischen den Wörtern. Das stört den Lesefluss. Das Bundesministerium für Finanzen verzichtet daher in Word-Dokumenten weitgehend auf den Blocksatz. Auch das Zentrieren von Informationen in Fließtexten soll der Vergangenheit angehören.

Gender-Regeln

Bei diesem Thema gehen die Wogen meist schon aus Prinzip hoch. Dabei geht es noch gar nicht um lesefreundliches Gendern. Viele Menschen sind der Auffassung, dass Gendern unnötig sei. Frauen werden eh mitgedacht, so die Argumentation. Das stimmt jedoch nicht. Nicht alle Frauen fühlen sich bei männlichen Personenbezeichnungen angesprochen. Deshalb sind Ministerien und andere öffentliche Institutionen verpflichtet, ihre Texte genderfair zu formulieren. Diesem Thema haben wir übrigens ein eigenes Kapitel gewidmet: *Genderfaire Sprache, die alle anspricht.*

Wie gendert das Bundesministerium für Finanzen? Es verwendet jeweils den weiblichen und männlichen Begriff: wie *Steuerzahlerinnen und Steuerzahler.* Auch neutrale Personenbezeichnungen sind ein guter Weg. Es gibt hier viele Möglichkeiten wie beispielsweise die Begriffe *Elternteile, Bedienstete oder Teilnehmende.* Und auch *Steuerzahlende.*

Alles auf den Punkt gebracht: Viel ist bereits gewonnen, wenn Texte formal einheitlich sind. Wenn es dann zusätzlich einige Basisregeln für einen verständlichen Stil gibt, ist die halbe Miete bereits bezahlt.

Einfach ist nicht immer einfach

Steuergesetze sind für Nicht-Fachleute meist schwer verständlich. Und daher sind auch die Texte nicht einfach, die sich aus diesen Steuergesetzen ergeben – zum Beispiel Bescheide. Das Wichtigste bei rechtswirksamen Texten ist für Ilse Schmalz: »Den Schreiberinnen und Schreibern muss klar sein, dass sie an den rechtlichen Inhalt aber nicht an den Wortlaut des Gesetzes gebunden sind. Denn es geht Bürgerinnen und Bürgern nicht um die Innensicht einer Behörde. Wenn wir dieses Bewusstsein im Haus verankern können, ist es nicht mehr so schwierig, die richtigen Worte zu finden.«

Da eine solche Bewusstseinsbildung viel Zeit braucht, empfehlen wir auch hier ein pragmatisches Vorgehen. Wann immer Sie wenig Spielraum für das Vereinfachen von Texten haben, setzen Sie dort an, wo Sie wenig Gegenwind vermuten: Achten Sie beispielsweise auf eine übersichtliche Struktur.

Oder antworten Sie kundenorientiert auf Fragen oder Kritik. Das hat nicht nur einen positiven Effekt auf Ihr Image, sondern überzeugt Leserinnen und Leser in vielen Fällen. Werden doch freundliche Schreiben lieber gelesen, auch wenn der Inhalt nicht unbedingt positiv ist.

Wem muss der Wurm schmecken?

Stellen Sie sich diese Frage und formulieren Sie so, als sprächen Sie mit Ihrer Zielgruppe. Verwenden Sie Worte, die auch Ihr Gegenüber verwendet, übersetzen Sie Fachbegriffe und gebrauchen Sie eine sympathische Alltagssprache.

Immer wieder haben wir gehört: Mitarbeitende im Finanzamt können am Telefon auch die kompliziertesten Dinge mit einfachen Worten erklären. Schreiben sie jedoch, glauben sie, dass alles ganz anders klingen muss. Unser Rat:

Denken Sie zuerst in Alltagssprache, und schreiben Sie es dann genau so nieder.

Was macht Texte noch verständlicher? Rhetorische Fragen. Ab und zu ein Fragesatz spricht an und aktiviert. Der Zusatznutzen: Menschen denken meist in Fragen. Damit holen Sie sie perfekt bei ihrem Problem ab.

Ilse Schmalz ist zudem eine glühende Verfechterin, Personen direkt anzusprechen: »Es ist wertschätzender, Bürgerinnen und Bürger mit *»Sie«* anzureden als unpersönlich zu bleiben. Das gilt auch für die Mitarbeitenden einer Behörde, die mit *»Wir«* kommunizieren sollten. Das macht alle Beteiligten sichtbar.«

Der Wir-Stil in der Finanzbehörde wurde und wird immer wieder diskutiert. Die größten Bedenken: *Wir* könnte zu wenig objektiv klingen. Die Argumente für den Wir-Stil überwiegen allerdings:

- Das *Wir* steht für Mitarbeitende der Finanzverwaltung. Sie handeln im Auftrag der Behörde und sind an die Gesetze und Regeln gebunden. Niemals dürfen sie willkürlich handeln – genauso wie die gesamte Organisation.
- Das *Wir* ist konkret, weil es für die Behörde steht. Passive Formulierungen lassen den Absender offen und sind zudem schwerer lesbar.
- Das *Wir* ist durchsetzungsstärker. Mitarbeitende als Vertreterinnen und Vertreter der Behörde können konkret etwas verlangen, mitteilen oder entscheiden.
- Das *Wir* steht für Augenhöhe: Es stärkt das Image einer modernen Behörde, die Steuerzahlerinnen und Steuerzahler nicht als Bittsteller sieht.

Einem Amt fällt also kein Zacken aus der Krone, wenn es zu den Menschen freundlich ist – anstatt sie mit Amtsdeutsch zu vernebeln oder von oben herab zu behandeln. Das Stichwort heißt Augenhöhe.

Alt	Neu
Sie haben Ihre Steuererklärung auf dem Papierformular L1 eingebracht. Das Einkommensteuergesetz sieht ab der Veranlagung für das Jahr 2003 vor, dass bei Vorliegen eines Internetanschlusses die Steuererklärung elektronisch über FinanzOnline eingereicht werden muss.	Sie haben uns Ihre Steuererklärung als Papierformular geschickt. Haben Sie einen Internetanschluss? Dann nützen Sie doch die Vorteile von FinanzOnline www.bmf.gv.at und schicken uns Ihre Steuererklärung elektronisch – rund um die Uhr.
Zu Ihren kritischen Zeilen darf ich Ihnen, soweit es in unseren Kompetenzbereich fällt, Folgendes näher erläutern: ...	Danke für Ihre offenen Worte. Wir ...
Nachfolgende Fragen sind schriftlich zu erläutern. Gegebenenfalls sind die angeführten Unterlagen beizubringen:	Bitte beantworten Sie uns folgende Fragen schriftlich und legen Sie die Nachweise dazu bei:
Auf Grund der Vielzahl an Verfahren und begrenzter Personalressourcen kann es jedoch fallweise zu Wartezeiten kommen.	Momentan bearbeiten wir sehr viele Anträge. Daher kann es länger dauern.
Ich darf Ihnen versichern, eine bürgernahe und serviceorientierte Verwaltung ist uns im Bundesministerium für Finanzen sehr wichtig und ich danke Ihnen für Ihr Feedback, das ebenso wie die aus der laufenden Einbindung von Bürgerinnen und Bürgern gewonnenen Erkenntnisse in die Verbesserung unserer Serviceprozesse Eingang finden wird.	Wir wollen so bürgernah und serviceorientiert wie möglich sein. Daher sind wir dankbar über jeden Hinweis, der unsere Serviceprozesse verbessert.
Wir weisen Sie nochmals ausdrücklich darauf hin, dass ...	Achtung: Bitte ...

Aufräumen

Der 2. Tipp heißt: Bringen Sie Ordnung in Ihre Texte. Auch wenn diese Tätigkeit viel Zeitaufwand kostet. Leserinnen und Leser schätzen es, schwierige Inhalte auf einen Blick erfassen zu können. Aufzählungen, Tabellen oder Zwischenüberschriften machen Texte leichter lesbar und reduzieren Rückfragen. Und darum geht es ja vor allem.

Zwei Beispiele aus dem Bundesministerium für Finanzen mit perfekter neuer Struktur:

Alt	*Neu*
Eine Reise im Sinne des § 16 Abs. 1 Z 9 EStG 1988 liegt vor, wenn sich der Steuerpflichtige aus beruflichem Anlass mindestens 25 km vom Mittelpunkt seiner Tätigkeit entfernt, eine Reisedauer von mehr als drei Stunden bei Inlandsreisen vorliegt und kein weiterer Mittelpunkt der Tätigkeit begründet wird.	Was ist eine beruflich veranlasste Reise? – Sie entfernen sich aus dienstlichem Grund mindestens 25 km von Ihrem Dienst- oder Wohnort – Ihre Inlandsreise dauert mehr als 3 Stunden – Es entsteht durch Ihre Reise kein weiterer Mittelpunkt Ihrer Tätigkeit Rechtshinweis: § 16 Abs. 1 Z 9 Einkommensteuergesetz 1988
Unter »Kinder einer Person« im Sinne des Familienlastenausgleichsgesetzes 1967 (FLAG 1967) sind deren Nachkommen, deren Wahlkinder und deren Nachkommen, deren Stiefkinder, deren Pflegekinder (§§ 186 und 186a des Allgemeinen Bürgerlichen Gesetzbuches) zu verstehen.	Familienbeihilfe steht für Kinder im Sinne des Familienlastenausgleichsgesetzes 1967 zu. Dies sind: – Leibliche Kinder – Adoptivkinder – Enkelkinder – Stiefkinder – Pflegekinder

Ballast abwerfen

Und dann – für die wirklich Mutigen – ist auch ein Kürzen von Texten eine willkommene Option. Die wichtigsten Fragen: Welche Informationen brauchen Ihre Leserinnen und Leser unbedingt, um richtig zu handeln? Welche können Sie vernachlässigen? Diese Entscheidung ist nicht leicht und Kürzen geht nicht immer und überall. Trotzdem ist es im Sinne der Prägnanz der Mühe wert, sich darüber Gedanken zu machen.

So hat die Einfachheit im Finanzministerium gesiegt:

Alt	*Neu*
Gemäß § 299 Abs. 2 BAO ist mit dem aufhebenden Bescheid der den aufgehobenen Bescheid ersetzende Bescheid zu verbinden. Infolge Aufhebung des Bescheides war die gegenständliche Bescheiderlassung erforderlich.	Sie erhalten einen neuen Bescheid, weil Ihr bisheriger Bescheid aufgehoben wurde (§ 299 Abs. 2 Bundesabgabenordnung).
Anhand der vorliegenden Daten wurde festgestellt, dass die Anspruchsvoraussetzungen zur Gewährung der Familienbeihilfe vorliegen, ohne dass Sie einen gesonderten Antrag stellen müssen.	Sie erhalten die Familienbeihilfe und müssen nichts weiter tun.

Finanz Verstehen auf Erfolgskurs

Ein kleines Projektteam steht einer Unmenge an Texten gegenüber, die im neuen Glanz erscheinen sollen. Und trotzdem – dranbleiben bringt's: Alles, was an neuen Texten entsteht, wird sprachlich überarbeitet und Standardtexte und

Formulare werden sukzessive umformuliert. Vieles muss rechtlich geprüft und genehmigt werden. Was in Jahrzehnten entstanden ist, wird wohl noch ein paar Jahre brauchen, um einem modernen Stil zu entsprechen.

Einen besonderen Stellenwert bekommt dabei auch die interne Kommunikation. »Der bisherige Amtsstil ist tief verwurzelt und es braucht noch viel Überzeugungsarbeit«, so Ilse Schmalz. Die Finanz setzt auf einen Sprachleitfaden für alle und Workshops für jene, die individuelle Schreiben verfassen. Zusätzlich gibt es interne Textcoachings, die alle in Anspruch nehmen können.

Der Lieblingssatz von Ilse Schmalz ist an Antoine de Saint-Exupery angelehnt und passt perfekt zu den Finanzschreiben: »Ein Text ist nicht dann vollkommen, wenn man nichts mehr hinzufügen kann, sondern dann, wenn man nichts mehr weglassen kann.«

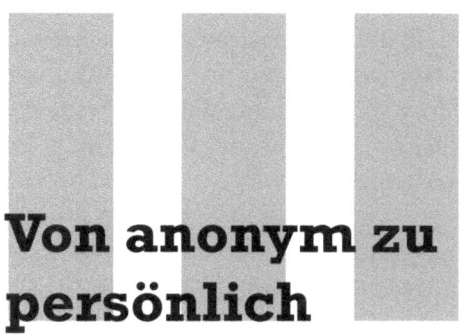

Von anonym zu persönlich

8. Interne Kommunikation, die Fan-Faktor hat

Rosarote Wolke, fade Hofberichterstattung, Nachplappern, was der Vorstand sagt? Nirgendwo gibt es so viele Bedenkenträger wie unter dem Zielpublikum von internen Unternehmensmedien. Wozu lesen – ist doch ohnehin alles Schönfärberei, was uns die Geschäftsleitung in der Mitarbeiterzeitung mitteilt? Und gleichzeitig sollten gerade hier die Botschaften punktgenau landen.

Mit welchen Tools wir buchstäblich ins Herz treffen, zeigen wir Ihnen in diesem Kapitel am Beispiel der internen Kommunikation der ÖBB-Infrastruktur. Da es in diesem Buch um Texte geht, streifen wir zeitgemäße Erfolgsformate wie Video oder Social Tools nur am Rande. Im Fokus steht die Mitarbeiterzeitung.

Diese hat ein ÖBB-Mitarbeiter noch vor wenigen Jahren bei einer konzernweiten ÖBB-Leserbefragung mit Ostblockpropaganda verglichen. Seit damals ist viel passiert – erklärt Sandra Jopp, Leiterin der internen Kommunikation der ÖBB-Infrastruktur. Und das bestätigen auch die Zahlen: 2017 geben über 71 Prozent der Befragten dem gesonderten Infra-Teil in der ÖBB-Mitarbeiterzeitung die Schulnote 1 oder 2. Der Grund: In wirkungsvolles Wording wird investiert. Denn die interne Kommunikation ist längst nicht mehr das Stiefkind der externen.

Wenn 8 Menschen bis zu 80.000 Leute ansprechen: Sandra Jopp ist sich der Verantwortung ihres Teams bewusst. 8 Personen schreiben für 18.000 Mitarbeiterinnen und Mitarbeiter der ÖBB-Infrastruktur, dem größten Teilkonzern der ÖBB. Gewisse Botschaften gehen auch direkt an die große ÖBB-Familie mit rund 40.000 Mitarbeitenden. Zudem wird die Mitarbeiterzeitung nachhause geschickt – erreicht also auch Familienmitglieder oder Freunde. Damit ist die Zielgruppe vielleicht sogar doppelt so groß.

Dieser gewaltige Multiplikatoreffekt bringt eines mit sich: Intern ist auch extern. Umso höher auch der journalistische Anspruch, interne Kommunikation nicht zum Sprachrohr des Vorstands verkommen zu lassen. Alle 2 Jahre lässt sich das gesamte Team schulen – unter anderem mit dem Ziel, kritischer zu schreiben. Die Haltung habe sich eben geändert, so Sandra Jopp: »Heute sprechen wir Probleme bewusst an, liefern Lösungen aber gleich mit.«

Trägt es Früchte? Immerhin 69 Prozent attestieren bei der jüngsten Leserbefragung der Redaktion einen realistischen Blick auf die ÖBB. Durch kritischere Formate wie Glossen, Pro & Contra oder der Kommentarfunktion im Intranet hat die interne Kommunikation an Glaubwürdigkeit gewonnen. Und die Texte schaffen es immer besser, Mitarbeitende zu Fans zu machen.

Allerdings zeigt die Leserbefragung auch, dass der Anteil der Leute sinkt, die alle Artikel lesen. In Zeiten der vor allem online steigenden Reizüberflutung verwundert das wenig. Die 8 Schreiberinnen und Schreiber der ÖBB-Infrastruktur sehen es als eine ihrer wichtigsten Aufgaben, ihr Zielpublikum erst einmal in den Text zu ziehen. Wie aber zieht man Leserinnen und Leser in seine Texte und wie hält man sie in der internen Kommunikation bei der Lesestange?

Neugierig machen und Nutzen anbieten

Das Zielpublikum entscheidet innerhalb von Sekunden, ob es in einen Text hineinlesen will. Der Titel ist das Um und Auf, ob der Blick noch weiter auf den Fließtext schweift. Eine Headline muss ihren Job aber nicht allein ausüben. Sie hat auch Helferleins wie den Untertitel, die Bildsprache und natürlich den Lead – auch Vorspann, Teaser oder Informationsschlagzeile genannt. Bei E-Mails oder beim Newsletter fällt dem Betreff die oft alles entscheidende Rolle zu. Online buhlen Text-Bild-Kombinationen um Klickraten. Aber wie schaffen wir einen perfekten Aufmacher? Hier ein paar Erfolgsfaktoren.

Hingucker Headline

Wir sind Papst – so titelte die Bild-Zeitung am 20. April 2005, als Kardinal Ratzinger zum Papst gewählt wurde. Sie ist immer noch eine der bekanntesten Headlines im deutschsprachigen Raum – wurde sie doch vielfach im Fernsehen und in der Presse zitiert oder abgewandelt. Warum ist sie so erfolgreich? Die Leserinnen und Leser identifizieren sich mit dieser Wir-Aussage. Sie spricht einen klaren Nutzen an – nämlich Prestige. Hier geht es um Image und Ansehen – um die so wichtige Nummer 1 Position. In *Wir sind Weltmeister* erlangte diese Headline-Strategie 2014 erneut Berühmtheit.

2018 war dem Slogan kein Revival vergönnt. Hier hätte wohl eher der berühmte Trappatoni-Sager gepasst, der es immerhin in den Zitate-Duden geschafft hat: *Ich habe fertig*. Vermutlich war der temperamentvolle Trainer aus Italien einfach nur fertig und hatte obendrein genug. Der Versprecher zeigt aber, welches Potenzial ein so genannter Barbarismus hat. Der bewusste Einsatz eines sprachlichen Fehlers ist wohlgemerkt auch eine erfolgreiche Headline-Strategie.

Da werden Sie geholfen

Ein beliebter Einsatzort von Barbarismen ist die Werbung. Kennen Sie den Claim: *Da werden Sie geholfen?* Es ist der Werbeslogan für eine Telefonauskunft, der das Dummchen-Image von Verona Pooth (früher Feldbusch) bedienen wollte. Was wie ein Versprecher rüberkommt, ist Kalkül. In diesem holprigen Satz spielt sich das Wörtchen *helfen* ganz besonders in den Vordergrund. Wie bitte – helfen im Passiv, geht das überhaupt? Und schon ist die Aufmerksamkeit 100-prozentig geweckt. Dass ebenfalls das Helferimage des Telefonanbieters profitiert, versteht sich von selbst. Und im Gedächtnis bleiben sprachliche Brüche obendrein leichter hängen.

Beim geschriebenen Wort ziehen so offensichtliche Fehler in den Text. Als neugierige Wesen suchen wir nach Lösungen, nach Gründen für den vermeintlichen Fauxpas und lesen weiter. Dass Barbarismen inhaltlich auf den Punkt treffen können, beweist ein Titel zu einem Porträt von Song-Contest-Siegerin Conchita Wurst. Er tauchte gleich in mehreren deutschsprachigen Publikationen auf bzw. wurde mehrfach abgeschrieben: *Ein Mann geht ihren Weg.*

Grammatikfehler als Hingucker sind allerdings nicht

immer eine gute Idee. Denn dafür braucht es eben auch die nötige Lesekompetenz. Unser Tipp: Wenn Fehler, dann sollten sie 100 Prozent offensichtlich sein. Kontroversen verursachen freilich auch diese: Nicht nur Wutbürger machen sich um das sinkende Sprachniveau Sorgen.

Sprachlicher Voyeurismus

Ein Dauerbrenner für Titel-Hingucker sind Reizwörter wie *Sex und Crime*. Im Gegensatz zur Werbung sind sie in der internen Kommunikation allerdings mit Vorsicht einzusetzen. Superlative jeder Art sind eher kontraproduktiv – hier erwarten Bedenkenträger oft Schönfärberei. Wenn Reizwörter aber ohne Übertreibung Emotionen ansprechen, verfehlen sie ihre Wirkung nicht. Bei Wörtern wie Unfall, Angst, Tod oder Waffen werden wir rasch zu sprachlichen Voyeuren. Die Bild-Zeitung arbeitet seit Jahrzehnten damit, auch wenn wir sie nur als Beispiel und nicht als Vorbild nennen wollen. Aber Hand aufs Herz: Würden Sie in einen Artikel mit dem Titel *Tote Russen nackt im Hasch-Feld* nicht hineinlesen?

Kehren wir zum Beispiel einer der größten internen Kommunikationsabteilungen des Landes zurück. Auch bei der ÖBB-Infrastruktur ist die Macht des Titels bei den Schulungen immer wieder ein Thema. Die gute Nachricht: Der Kreativität lässt sich mit Tools gut auf die Sprünge helfen. Ob Alliteration, also gleicher Anfangsbuchstabe, Anspielung auf ein bekanntes Sprichwort oder Antithese, eine gegensätzliche Behauptung: Die Liste erfolgreicher Headline-Strategien ließe sich lange fortsetzen. Fakt ist, dass aus einem langweiligen Titel mit ein wenig Stilkunde und Übung rasch eine ansprechende Headline wird. Sehen Sie am Beispiel, was Workshop-Teilnehmende mithilfe einer Liste mit Headline-Strategien aus einem farblosen Titel herausholen konnten:

Beispiel alt: Neue Technologien bieten für die Infrastruktur große Chancen

Neuer Titel	Headline-Strategie
Gewinner sehen technisch aus	Anspielung
Von der Pflicht, die zur Kür werden kann	Antithese
Wir wissen wie	Alliteration

Generell gilt auch hier: In der Kürze liegt die Würze. Lange Titel bergen zudem das Risiko, im Grunde schon alles auszusagen. Warum sollte man dann also weiterlesen?

Achtung auch vor zu kreativen Headlines. Haben Titel keine Helferleins wie einen Untertitel oder einen ins Auge springenden Lead, sollten Sie auf den Inhalt Bezug nehmen. Das ist etwa beim ersten Titel *Gewinner sehen technisch aus* der Fall. Übernehmen aber der Untertitel oder das Bild den Informationsgehalt, kann sich der Titel kreativ ausleben.

Spannender Vorspann

Wir wollen Sie jetzt nicht damit langweilen, dass in jedem Vorspann alle journalistischen W-Fragen von Wer bis Warum enthalten sein müssen. Das »Wer hat was wann wo wie und warum getan« kann eine Stütze sein, ist aber oft zu viel des Guten. Viel wichtiger ist, Mitarbeiterinnen und Mitarbeiter persönlich anzusprechen. Das erreichen Sie, wenn Sie schon im Lead Bedenken und Bedürfnisse aufgreifen. Setzen Sie also die Leserbrille auf.

Wir haben die ICE-Methode für uns adaptiert, um Schreibende in die Lage von Lesenden zu versetzen. Vielleicht denken Sie hier an einen schnellen Zug, der Sie ans Ziel führt? Oder an einen »ICE-Breaker«, also einen Eisbrecher? Damit kommen Sie dem Ziel noch näher, denn genau ums »Knacken« der Lesersicht geht es:

I ... steht für INTEREST: Was interessiert meine Leserinnen und Leser?
C ... steht für CONCERNS: Wo haben sie Bedenken?
E ... steht für EXPECTATIONS: Welche Informationen erwarten sie?

Am besten Sie notieren sich zu diesen 3 Punkten einige Stichworte, bevor Sie mit dem Schreiben beginnen. So gehen Sie sicher, nicht aus Ihrer Innensicht zu argumentieren. Denn die Innensicht gehört zu den Hauptübeltätern, wenn es ums Vorbeischreiben am Zielpublikum geht. Wenn Sie Erwartungen erfüllen, schreiben Sie hingegen automatisch nutzenorientiert.

Ein Beispiel, bei dem Bedenken aufgegriffen werden:

Einstieg Alt	*Einstieg neu*
136 Verbesserungsmaßnahmen: Mitarbeiterbefragung 2015. Rekordanzahl an Maßnahmen ausgearbeitet. Jetzt geht es um deren konkrete Umsetzung. Zur Erinnerung: Anfang des Jahres wurden die Ergebnisse der Mitarbeiterbefragung (MAB) 2015 präsentiert. Danach kam es in zwei teilkonzernweiten Action Groups (AGs) sowie auf der Ebene der Geschäftsbereiche, Stäbe und Tochtergesellschaften zur Analyse, wo Handlungsbedarf besteht und konkrete Maßnahmen zur Verbesserung der MitarbeiterInnenzufriedenheit notwendig sind.	Jährlich grüßt das Murmeltier: Wenn Sie an Mitarbeiterbefragungen denken, fällt Ihnen sofort der ähnlich lautende Spielfilm ein? Auch wir hatten anfangs Bedenken, ob da wirklich etwas weitergeht. Aber siehe da, es gibt insgesamt 136 Verbesserungsmaßnahmen.

Es geht auch um das Kommunizieren eines Nutzens für Leserinnen und Leser. Gehen Sie also direkt vom Nutzen aus, wenn Sie ihn kennen. Wir arbeiten mit diesen 5 Nutzendimensionen:

1. Sicherheit: Wann fühle ich mich sicher? Wann kann ich eine Sache abhaken?
2. Profit: Wo kann ich mir etwas ersparen, wo bekomme ich mehr für weniger?
3. Komfort: Was erleichtert mir das Leben?
4. Prestige: Was erhöht mein Prestige, meinen Stolz?
5. Spaß: Was macht mich glücklich und zufrieden?

Achten Sie beim Lead immer darauf, nicht gleich das ganze Pulver zu verschießen. Kennen Sie ein Erfolgsrezept von Serien? Es lautet »Cliffhanger«. Das ist ein offener Ausgang einer Episode auf ihrem Höhepunkt. Wie es weitergeht, erfahren Sie in der nächsten Folge. Oder auf den Lead bezogen im Fließtext. Fragen eignen sich dazu gut. Wo immer Fragezeichen im Kopf verbleiben, steigt die Wahrscheinlichkeit weiterzulesen. Lassen Sie also Platz für Kopfkino.

Ein Beispiel aus der ÖBB Workshop-Praxis:

Lead Alt	*Lead neu*
Wie funktioniert Zugfahren?	**Kompliziert einfach**
Exkursion in die Betriebsführungszentrale Wien (xx.xx.2018) Was braucht es, damit ein Zug fährt? Dieser Frage gingen wir bei der Exkursion zur VLZ (Verkehrsleitzentrale) und BFZ (Betriebsführungszentrale) in Wien auf den Grund. KollegInnen quer durch den ganzen ÖBB-Konzern waren am	Du Papa, wie funktioniert Zugfahren? Wissen Sie es? 40 KollegInnen wissen es jetzt, denn sie waren bei der Exkursion zur Verkehrsleitzentrale und Betriebsführungszentrale in Wien dabei. Und dabei staunten sie nicht schlecht.

9. Oktober 2015 dabei, als uns
Herr Muster, Zentraler Qua-
litätsbeauftragter, und Herr
Mustermann, Leiter der BFZ
Wien, den Bahnbetrieb in Ös-
terreich erklärten.

Beim linken Beispiel versteckt sich nicht nur Innensicht, es
fehlt auch die sprichwörtliche Zugkraft, die uns weiterlesen
lässt. Auf der rechten Seite ist es den Seminarteilnehmenden
gut gelungen, persönlich anzusprechen und mit einem Cliffhanger zum Weiterlesen anzuregen.

Bilder und bildhaftes Schreiben

Dass Bilder mehr als 1000 Worte sagen, gilt freilich auch für
die interne Kommunikation. Stimmen die Aussagen von Bild
und Titel überein oder ergeben sie einen gemeinsamen Sinn,
verstärkt sich die Zugkraft auf den Fließtext.

Nicht immer ist der Platz für Bilder da, sehr wohl aber
für bildhafte Sprache. Früher ging man davon aus, dass
Texte in der linken Gehirnhälfte und Bilder nur in der rechten Hemisphäre verarbeitet werden. Das ist mittlerweile
überholt. Auch die Sinne spielen bei der Sprachwahrneh-
mung eine Rolle.

Bildhafte Sprache weckt Emotionen, weil sie unsere
Sinne anspricht. Wenn sie wie im folgenden Satz auch noch
wunde Punkte konkretisiert, wird die interne Kommunikation als authentisch erlebt: *»Fünf Minuten Verspätung fühlen sich sehr lang an, wenn man bei Minusgraden am Bahn-
steig steht und der Wind um die Ohren pfeift.«*
Bildhafte Sprache kann uns in andere Gefühlswelten
oder manchmal sogar an andere Orte entführen – wie ein

weiteres Beispiel aus dem ÖBB-Workshop-Fundus über das Schließen einer Nebenstrecke zeigt:

Dort, wo früher mal die Postfiliale war, wächst nun der wilde Efeu die Hausmauer hinauf bis zu den für immer geschlossenen Rollläden. Die Aufgaben der Post hat nun die Trafik im Ortszentrum übernommen. In der Volksschule sitzen nur noch sechs Kinder in derselben Klasse, eine Verkehrsbucht entlang der Hauptstraße ist der letzte Überrest des öffentlichen Verkehrs. Zweimal pro Tag bleibt hier ein Bus stehen. Drei Fahrgäste sind schon viel. Noch gibt es einen Nahversorger, doch der arbeitet schon seit Langem nicht mehr kostendeckend. »Long geht des nimma so weiter, dann sperr ma für imma zua«, sagt die Kassiererin. Willkommen auf dem Land.

Sie meinen, nicht jeder hätte das Talent so zu schreiben? Das mag stimmen, aber sprachliches Handwerkszeug kann uns jedenfalls dabei helfen, den Lesernerv zu treffen. Hier ein paar Tipps:

- Schreiben Sie konkret statt abstrakt und wecken Sie so Emotionen
- Schreiben Sie, wie Sie sprechen, aktiv statt passiv und mit Verben statt Hauptwörtern
- Achten Sie auf einen einfachen Satzbau und vermeiden Sie Schachtelsätze
- Bringen Sie mit kurzen Sätzen und direkter Rede Schwung in Texte
- Stellen Sie Bilder in einen anderen Kontext und zeigen Sie Mut zu Humor

Lassen Sie uns einiges davon näher beleuchten, denn es reicht nicht, die Leserbrille aufzusetzen – sie sollte auch richtig sitzen.

Konkret statt abstrakt

Es lohnt sich, diesen Punkt näher anzusehen. Hier geht es nicht nur darum, vom Allgemeinen ins Konkrete zu wechseln, sondern vom Farblosen zum Bunten, vom Theoretischen zum Praktischen, vom Rationalen zum Emotionalen. Machen Sie den Selbsttest. Oben sehen Sie einen abstrakten Begriff, der viel Raum für Interpretation offenlässt. Unten einen sehr spezifischen Ausdruck, der wenig Interpretationsfläche bietet. Wo fühlen Sie sich mehr angesprochen?

Abstrakt: Agrarpolitik, Almsubventionen

Konkret: Kuh, Bäuerin, Glas frische Milch

Konkrete Beispiele oder Geschichten halten uns länger in Texten. Wir können uns besser hineinversetzen und uns etwas vorstellen. Beim Glas frische Milch werden unsere Sinne angesprochen, bei der Agrarpolitik eher weniger. Es gibt kaum eine große Frage, die sich nicht an einem konkreten Beispiel festmache ließe. Je konkreter Sie formulieren, desto eher wecken Sie auch Emotionen unter der Leserschaft.

Abstraktionsfalle Zitate

Gerade bei Zitaten schlägt die Abstraktionsfalle gerne zu. Vor allem dort, wo Führungskräften »schöne« Worte in den Mund gelegt werden. Hier neigen wir zu besonders abstrakten Äußerungen, damit wir allen gefallen und uns nur ja nicht die Finger verbrennen. Es ist eine Art verbale Risikominderung, die natürlich auch von den Zitatespendern selbst kommen kann. Das ist doppelt schade, weil Zitate an sich ein Blickfang sind und Texte auflockern. Je prominenter die Absenderin oder der Absender, desto besser. Wenn Sie in

Ihrem Unternehmen also die Führungsspitze vors Mikrofon holen, ist es durchaus sinnvoll.

Auch dazu haben wir in den Seminaren immer wieder Übungen gemacht. Spüren Sie den Unterschied?

Abstraktes Zitat	Konkretes Zitat
»Es ist wichtig, dass alle an einem Strang ziehen und wissen, wofür wir stehen und was uns ausmacht.«	»Keiner kann allein einen Zug von A nach B bewegen, die Ausschreibung für ein Bus-los gewinnen oder eine Strecke ausbauen. Gerade bei den ÖBB ist es wichtig, dass das große Ganze Vorrang hat.«

Sandra Jopp und ihr Team leben vor, dass selbst komplexe Themen durchaus etwas flapsiger und mutiger formuliert werden können. Schließlich geben die Ergebnisse der Leserbefragung ausreichend Rückenwind. Ein Vorbild, das immer häufiger auf Interviewte abfärbt. In den Zitaten finden sich nur noch selten abstrakte Nullbotschaften.

Hier ein Beispiel einer Führungskraft, die für den Start der Umsetzungsphase ein sehr einprägsames Bild fand: »*Irgendwann müssen wir dann unser Baby loslassen. Wir bringen ihm das Gehen bei und begleiten es bis zum Kindergarten. Dann muss die ›Kinderbetreuung‹ her.*« Besonders gut funktionieren Bilder freilich, wenn sie aus ihrem üblichen Kontext herausgerissen werden.

Humor statt Holzhammer

Hohen Fan-Faktor hat in der Mitarbeiterzeitung der ÖBB-Infrastruktur ein relativ neues Format: die Glosse. Selbst bei Themen, die nur noch wenige Menschen aus der Reserve locken. Sie haben sich an Trendbegriffen wie Digitalisierung, Agilität oder Design Thinking sattgelesen? Dann probieren Sie einmal dieses Texthäppchen:

Von Bingo-Spielen und Vokuhilas
In den 80er-Jahren waren Vokuhila und Schulterpolster echt angesagt. Niemand kam daran vorbei. Die waren trendig, und wer etwas auf sich hielt, kombinierte seine Ponyfransen vorn mit langen Haaren hinten und trug dazu fast eckige Sakkos. Aber nicht nur Kleidung und Frisuren unterliegen gewissen Moden. Auch im Unternehmen gibt es Trends, an denen man nicht vorbeikommt. Aktuell etwa an den Begriffen Digitalisierung und Industrie 4.0, an agil geplanten Sprints und mit Design Thinking ergründeten Kundenwünschen. Auch disruptive Veränderungen im VUCA-Umfeld bleiben nicht unbeachtet – wer will schon wie die Taxler und Hoteliers dastehen, wenn die nächsten Ubers und Airbnbs plötzlich die Regeln ändern. Und natürlich ist die Gen Y (und mittlerweile Z) längst im Fokus, schließlich sind diese Personen künftige Mitarbeiterinnen und Mitarbeiter.

Es darf »menscheln«

Was unterscheidet interne Texte eigentlich von externen Unternehmenstexten? Sandra Jopp dazu: »Sie sind mitarbeiterzentriert, die Leute finden sich wieder und fühlen sich so wertgeschätzt.« Man könnte auch so sagen: Sie sind von Mitarbeitenden für Mitarbeitende über Mitarbeitende geschrieben. Es darf und soll also persönlicher sein. Und wir meinen hier nicht die Geburtstags- oder Geburtsrubriken, die auch ihre Berechtigung haben. Es geht um die persönlichen Erlebnisse im Arbeitsalltag oder selbst darüber hinaus.

Welche Erfolgsgeschichten gibt es? Wo identifizieren sich die Menschen mit ihren Aufgaben, wie leben sie Werte und wo haben sie auch Krisen überwunden? Spätestens jetzt sind wir bei einem Thema gelandet, das in der internen Kommunikation keinesfalls fehlen darf: Storytelling. Diesem wichtigen Textertool haben wir ein eigenes Kapitel in diesem Buch gewidmet. Aber damit Sie sehen, dass Storytelling selbst in einem Editorial Platz hat, haben wir auch hier ein Beispiel für Sie. Es war eine Workshop-Übung, in der die Teilnehmenden selbst den Unterschied spüren sollten.

Das Editorial ist für gewöhnlich der einzige Platz in einem Magazin, in dem die Redaktionsleitung direkt zu den Lesenden schreibt. Hier geht es darum, der Leserschaft im wahrsten Sinne des Wortes etwas zu erzählen – freilich mit Bezug zum Heft. Sandra Jopp veranschaulicht mit ihrem Vorschlag, welche Kraft das Menscheln in der internen Kommunikation haben kann. Und das konkret statt abstrakt:

Liebe Kolleginnen, liebe Kollegen,
bei den einen zu wenig, bei den anderen zu viel. Das Burgenland ohne Neusiedlersee, Venedig ohne Markusplatz. Müssen wir unsere Trassen künftig auf Stelzen stellen? Diese Frage poppt bei mir kürzlich bei einem Thermenbesuch im Burgenland auf. Der Kontrast könnte nicht größer sein: Ich im wohlig warmen Wasser, draußen der Neusiedlersee, der dabei ist auszutrocknen. Was dort fehlt, haben wir an unseren Strecken immer öfter zu viel. Nicht nur das: Stürme, Lawinen, Muren, Hitzeperioden – alle diese Folgen des Klimawandels nehmen zu. Viele von uns erleben die Auswirkungen hautnah: Wir müssen Bäume aus Oberleitungen entfernen, unterspülte Gleise instand setzen, Muren beseitigen. Das bedeutet Strecken sperren, Kundinnen und Kunden umlenken, Zusatzschichten und

erhebliche Mehrkosten. Ob wir dafür gerüstet sind, gehen wir in dieser Ausgabe nach.

Von der rosaroten Wolke zur Interaktion

Was man selbst beiträgt, interessiert am meisten. Wenn Ihr internes Medium an Fans zulegen soll, beziehen Sie die Lesenden mit ein. Das kann passiv erfolgen, wenn Sie mit der »Kamera« möglichst nah rangehen. Etwa bei Porträts, Interviews mit persönlichen Kurzbiografien, Word-Raps oder Reportagen über den Arbeitsalltag. Dabei können Sie einzelne Personen oder Teams vor den Vorhang holen und sie mit direkter Rede auch selbst zum Sprachrohr werden lassen. Für Intranet-Berichte wäre natürlich das Video das richtige Medium.

Bei einem Interview oder Word-Rap haben Sie es mit den Fragen selbst in der Hand, ob diese Emotionen und Lesefreude auslösen. Sehr allgemeine Fragen provozieren abstrakte Antworten. Durch das Ansprechen von konkreten Situationen, Gefühlen oder auch Misserfolgen wird ein Interview als authentisch erlebt. Auch hier können Sie einfach den Selbsttest machen. Lassen Sie eine Interviewperson etwa bei einem Word-Rap Sätze zu Ende sprechen wie:

Mein berührendster Moment war …

Brenzlig wurde es, als …

Beeindruckt hat mich Person X, als …

Am meisten vermisst habe ich …

Sie werden sehen: Hier ist es fast unmöglich, abstrakte Antworten zu geben. Und Interviewpartner kommen durch solche Fragen oft erst in Fahrt.

Mitarbeitende auf zur Themenhoheit

Noch authentischer wird es, wenn Sie Mitarbeitende selbst schreiben lassen. Schaffen Sie Meinungsrubriken wie Pro & Contra oder interne Diskussionsforen. Lassen Sie alte Hasen mit jungen Hüpfern über ein Thema sprechen oder initiieren Sie Ideenwettbewerbe. Rufen Sie auf zu Storytelling und veröffentlichen Sie die schönsten Geschichten in Ihrer Mitarbeiterzeitung oder im Intranet. Bei interaktiven Formaten ist es gelernt, dass es auch kritische Stimmen geben darf. Bei Geschichten darf der Stolperstein nicht fehlen. Und Glossen leben von einem Quäntchen Ironie. Der Kreativität sind keine Grenzen gesetzt, wenn es um das Vertreiben der rosaroten Unternehmenswolke geht.

Manche Unternehmen gehen dazu über, die Themenhoheit in der internen Kommunikation auf Mitarbeiterinnen und Mitarbeiter zu übertragen. Ob mit Social Tools wie Workplace, des Business-Ablegers von Facebook, oder einer Mitarbeiter-App: Hier übernehmen die internen Kommunikatorinnen und Kommunikatoren immer mehr die Rolle von Moderatoren. Welche Themen gerade auf der Tagesordnung stehen, entscheiden die Autorinnen und Autoren der diversen Postings. Diese Demokratisierung der internen Kommunikation hat aber auch seine Nachteile. Sie verlangt viel Eigenverantwortung und Lesefreude kommt dadurch nicht automatisch auf. So gesehen müssten sich alle im Unternehmen mit Wording-Erfolgskriterien befassen.

Mit der Kommentarfunktion im Intranet geht auch das Team von Sandra Jopp einen ersten Schritt in diese Richtung. Die oft polarisierenden Postings werden teilweise sogar in der Mitarbeiterzeitung abgedruckt. Für Sandra Jopp ist dies noch lange keine Frage der Themenhoheit, vielmehr verfolgt sie dadurch einen anderen Zweck: Ehrlichkeit. Probleme, die da sind, dürften nicht unter den Teppich gekehrt werden. Es brauche dieses Maß an Offenheit, um glaubwürdig zu bleiben.

Redigieren mit Fingerspitzengefühl

Für die Mitarbeiterzeitung gilt: Wenn Fachkräfte Berichte selbst verfassen, muss die interne Kommunikation für den letzten Schliff sorgen. Schließlich ist die Mitarbeiterzeitung auch ein Imageträger und Papier ist geduldiger als Online-Formate. Wird die Mitarbeiterzeitung wie bei den ÖBB nachhause geschickt, gilt zudem das Prinzip: Intern ist extern.

Das Redigieren von Texten ist eine wichtige und nicht immer einfache Aufgabe. Sie müssen nicht nur für fehlerlose Texte in der richtigen Länge sorgen, sondern dafür, dass sie auch gelesen werden. Zieht die Headline in den Text? Ist der Lesernutzen ersichtlich? Wird die Botschaft verstanden? Alle in diesem Kapitel beschriebenen Erfolgskriterien spielen also auch beim Redigieren eine Rolle.

Bei unseren Seminaren fragen Teilnehmende immer wieder nach Tipps für den Umgang mit unbelehrbaren Autorinnen oder Autoren. Gerade Fachleute wollen oft ihr ganzes Wissen weitergeben und vergessen dabei gerne auf die Kundenbrille. Hier braucht es Fingerspitzengefühl und Verständnis. Wer sein ganzes Herzblut in einen Text legt, ist mit radikalen Kürzungen oder Veränderungen nicht glücklich. Und wir wollen ja alle Kolleginnen und Kollegen zu Fans der internen Kommunikation machen.

Eine Übung, die sich immer wieder bewährt, ist das gemeinsame Erarbeiten eines Argumentariums für Dis-

95

kussionen rund ums Redigieren. Auch in Ihrem Unternehmen braucht es Argumente für die interne Kommunikation, damit alle am gemeinsamen Lesestrang ziehen? Hier lässt sich Sandra Jopp einmal mehr in die Karten blicken. Ein kleiner Auszug zum Thema Redigieren (IK steht dabei für die Antworten der internen Kommunikation):

Dieser Schreibstil passt nicht zu uns. Das ist zu flapsig. Warum müssen wir jetzt so modern schreiben?
IK: Verständlichkeit sticht Detailverliebtheit. Wir haben die Übersetzer-Rolle. Unser Ziel: Sympathische Texte, die für eine breitere Masse verständlich sind.

Euch fehlt das Fachwissen, was wollt ihr mir sagen? Das ist zu ungenau, zu unpräzise.
IK: Das ist gut so, dass wir nicht alles wissen, denn die LeserInnen haben auch kein Expertenwissen. Und wir haben auf einem anderen Gebiet Expertise: Wir machen deine Texte sympathisch und leichter konsumierbar.

Wir wollen nicht, dass über Probleme oder Fehler geschrieben wird, da wirken wir ja inkompetent.
IK: Erstens werden realistische Inhalte gerne gelesen. Zweitens zeigen wir ja auch die Lösungen. Wir verleugnen Probleme aber nicht, denn wir wollen zeigen, dass wir an Herausforderungen wachsen können. Auch das ist ein Zeichen von Kompetenz.

Ich weiß ja selbst, wie man gut formuliert. Warum bessert ihr so viel aus?
IK: Vieles ist Geschmacksache, aber im Sinne des Gesamtbildes ist es gut, wenn wir die Letztentscheidung treffen. Es geht hier auch um die Blattlinie und um ein einheitliches Erscheinungsbild.

Warum kürzt ihr so viel?
IK: Es kommt nicht auf die Länge an, sondern auf die Botschaften. Wir entscheiden die Länge aufgrund der Inhalte.

Eine neue Schreibkultur setzt sich durch

Diese letzte Workshop-Übung war im Falle der ÖBB-Infrastruktur in der Praxis nicht mehr wirklich relevant. Denn mit den neuen Formaten und merklich neuer Textfrische ist auch die Zahl der Leser-Fans deutlich gestiegen. Die Verfechter des alten Stils tun sich mittlerweile schwer, auf ihren komplizierten Ausdrucksweisen und langweiligen Faktenaufzählungen zu beharren. Sie spüren es ja schon selbst, dass eine neue Schreibära ins Land gezogen ist.

Sandra Jopp freut sich natürlich auch, dass ihr die Leserbefragung so in die Hände spielt. Die letzten Ausgaben der Mitarbeiterzeitung kamen bei den Kolleginnen und Kollegen so gut an, dass Bedenken meist gar kein Thema waren. Das Vertrauen in die interne Kommunikation ist stetig gestiegen. Und was noch wichtiger ist: Ihre Texte werden mit Freude gelesen.

Das Fazit: Haben Sie keine Angst vor Controllingmaßnahmen, wenn es um lesefreundlichere Texte geht. Unverbesserliche wird es immer geben, aber positive Reaktionen über den neu gewonnenen Lesespaß überwiegen in fast allen Fällen.

9. Geschichten, die an der Lesestange halten

Babyschuhe zu verkaufen. Unbenutzt.

Kennen Sie diese vielleicht emotionalste aller kürzesten Geschichten der Welt? Sie soll von Ernest Hemingway stammen. Die Legende dahinter ist auch eine gute Story: Wir befinden uns in den 20er Jahren des letzten Jahrhunderts in einer verrauchten Kneipe in Chicago. 3 junge Schreiber schließen beim Whiskey-Trinken eine literarische Wette ab. Der junge Journalist Hemingway behauptet, dass er eine Kurzgeschichte aus nur 6 Wörtern schreiben könne. Niemand glaubt es – die Wette gilt. Ernest Hemingway gewinnt 10 Dollar mit 6 einfachen englischen Wörtern. For sale: baby shoes, never worn.

Warum beginnen wir dieses Kapitel mit diesem schaurigen Beispiel? Weil es nicht viel braucht, um eine gute Kurzgeschichte zu schreiben? Leider nein – den meisten von uns fällt es leichter, ausschweifend zu schreiben. Vielmehr wollen wir damit zeigen, dass Geschichten unter die Haut gehen, uns sofort packen. Wir sind Menschen und wir lieben seit Menschengedenken Geschichten. Ob geschrieben oder mündlich überliefert: Wir spitzen immer die Ohren. Geschichten sind emotional, Geschichten werden eher gelesen und besser behalten. Und Geschichten verkaufen besser.

Das weiß auch Doris Palz, Managing Director von Great Place to Work® Österreich. Ein Unternehmen, das schon im Namen die Fantasie für Geschichten weckt. Und darum beauftragte sie uns, ihrem Team in 2 halbtägigen Workshops Storytelling näherzubringen. Storytelling heißt ja nichts anderes als Geschichten bewusst einzusetzen, um ein bestimmtes Ziel zu erreichen. Etwa ein Leitbild mit Leben zu erfüllen, die Mitarbeiterbindung zu erhöhen oder ein emotionaler Booster für Verkaufsgespräche zu sein.

Worte als Door Opener: Doris Palz ist ein Fan von Sprach-
bildern, auch wenn sie ihr Unternehmen beschreibt: »Great
Place to Work ist ein Leuchtturm. Die Unternehmen sind die
Schiffe um uns herum, die je nach Wetterlage ins Strudeln
kommen können. Wir bieten ihnen dabei Orientierung.«
Warum Storytelling? »Gerade beim Kundenkontakt hilft es
enorm, bildreich zu erzählen. Mit reinem Sachtransport erreichen wir nur in gewissem Maße Aufmerksamkeit. «

Bei ihrem Team legt sie großen Wert auf positive Formulierungen, die negations- und »muss«-frei sind. Emotionales Formulieren ist für sie wie ein Door Opener zum
Gemüt: »Wir leben in einer erlebnisorientierten Welt. Emotionen wecke ich nur, wenn ich erzähle.« Aber Geschichten
im Business-Kontext? Das schien für manche im Team doch
eher unpassend. Der erste große Schritt war Überzeugungsarbeit. Im ersten Workshop ging es daher erst einmal um das
Warum und das Wie.

Was braucht eine gute Story?

Einen guten Grund. Oft braucht es rationale Argumente, um
fürs Kopfkino Stimmung zu machen. Fakten schaffen Tatsa-
chen, Geschichten eröffnen Möglichkeiten. Sie zeigen, wie es
gehen kann, sie bringen uns Beispiele näher. Während Zei-
tungsartikel nur wenige Sekunden zur Verfügung haben, uns
zum Lesen zu motivieren, gönnen wir Geschichten schon gut
eine Minute. Unsere Kundinnen und Kunden hören uns also
länger zu, wenn wir Geschichten erzählen. Und sie erfassen
leichter, welche Chancen sich ihnen plötzlich öffnen. Erzählen Sie Geschichten etwa rund um Werte, behalten die Beteiligten diese auch eher. Denn Bilder im Kopf haben einen
ganz anderen Erinnerungsfaktor.

In allen Unternehmen kursieren Geschichten. Wenn

diese Schätze gemeinsam gehoben werden, erleben Menschen erst, welche Kraft in einer guten Story steckt. Aber wie schreibt man gute Geschichten? Braucht es dafür nicht ein besonderes Talent? Die gute Botschaft: Wie bei allen Textfeldern gibt es auch hier Techniken.

Hinfallen, aufstehen, Krone richten, weitergehen

Was sollte in einer Story nie fehlen? Richtig: Ein Stolperstein. Beim ersten Mal fallen wir drüber und beim zweiten Mal wissen wir schon, wie wir ihn aus dem Weg räumen. Ohne Krise keine Lernerfahrung und schon gar keinen Spannungsaufbau. Wer will schon eine Geschichte ohne Konflikt hören – das wäre doch langweilig.

Der Konflikt ist der Dreh- und Angelpunkt einer guten Story. Je größer die Herausforderung, desto größer der Erfolg. Denn Konfliktbewältigung ist die Triebfeder des Wandels. So gesehen sind Geschichten im Digitalisierungszeitalter besonders wertvoll. Agilität ist ja nichts anderes als permanentes Lernen, das aus Feinjustierung besteht. Das Prinzip Trial-and-Error sorgt dafür, dass wir neue Erkenntnisse direkt umsetzen. Deshalb ist es auch so wichtig, über Stolpersteine zu reden.

Neue Helden braucht das Land

Was braucht eine Geschichte noch? Heldinnen und Helden. Denn gute Geschichten haben Vorbildcharakter. Das Publikum identifiziert sich mit einer Person, die einen Konflikt überwindet und sich dadurch weiterentwickelt. Heldenpotenzial haben aber nicht nur Menschen. In Unternehmen können es auch Marken, Produkte oder Standorte sein. Darüber hinaus gibt es in spannenden Geschichten andere Rollen – etwa den Gegenspieler, der à la James Bond auch für den Konflikt verantwortlich sein kann. Es gibt aber auch harmlosere Mitspieler wie Auftraggeber, Helfer oder Nutznießer.

Publikum auf die Bühne bitten

Erzählen wir im Business-Kontext eine Geschichte, verfolgen wir nicht nur ein Ziel wie etwa erhöhte Mitarbeiterbindung. Auch die Botschaft muss klar sein: Sie sollte authentisch und vor allem bewusst gewählt sein. Wie kommen Sie zu einer guten Kernbotschaft? Überlegen Sie, welche 3–4 Punkte in den Köpfen der Leserschaft hängenbleiben sollen. Dann machen Sie 3–4 drängende Fragen Ihres Zielpublikums fest. Von diesen beiden Welten ermitteln Sie die Schnittmenge – das ist dann die Kernbotschaft, um die sich im Idealfall die Geschichte dreht. Für das oben genannte Ziel könnte eine Kernbotschaft beispielsweise lauten: Wertschätzung ist wichtiger als Geld.

Je kürzer, desto besser

Für Doris Palz lieben wir Erwachsene Geschichten, weil wir alle noch ein Stück weit Kinder sind. Wie Kinder bekommen wir leuchtende Augen, wenn unsere Fantasie angeregt wird. Nur eines hat sich geändert: Für Kinder können Geschichten nicht lange genug sein, im Business-Kontext nicht kurz genug. Beim Storytelling geht es um die Wirkung und je schneller sie eintritt, desto besser. Wie rasch Sie mit einer Geschichte auf den Punkt kommen können, zeigen Ultrakurzgeschichten wie Wendepunkt- oder Pointengeschichten. In nur 3 Sätzen oder kurzen Absätzen erzielen Sie damit Aha-Effekte.

Kennen Sie die Entstehungsgeschichte von Dropbox – eine typische Wendepunktgeschichte?

Absatz 1 beschreibt das Problem, Absatz 2 die Lösung und Absatz 3 den Erfolg:

»Sh...t!«. Nix mit unterwegs arbeiten. Der USB-Stick mit seiner Studienarbeit lag daheim am Schreibtisch. Er saß mit aufgeklapptem Notebook am Busbahnhof in Boston.

»15 Minuten lang war ich stinksauer. Dann aber begann ich ein Programm zu schreiben, das dieses Problem für alle Zeiten löst.«

Das war im Frühjahr 2007. Schon im Sommer wusste Drew Houston: Seine Dropbox wird die Welt der IT umkrempeln.

Realität und Fiktion

Dass im Storytelling Realität und Fiktion gerne ineinanderfließen, zeigt eine weitere Ultrakurzgeschichte. Es ist eine Pointengeschichte mit dieser 3-Satz-Dramaturgie: Satz 1 Ausgangslage, Satz 2 Zuspitzen des Problems, Satz 3 Pointe als ungewöhnliche Auflösung:

Als die NASA ihre ersten Astronauten in den Weltraum schickte, stellten sie fest: Kugelschreiber funktionieren bei Schwerelosigkeit nicht.

NASA Wissenschaftler brauchten ein Jahrzehnt und 1,5 Millionen Dollar, dann hatten sie ihren Weltraum-Stift entwickelt.

Die russischen Kosmonauten nahmen von Anfang an einen Bleistift mit.

Ein garantierter Lacher im Publikum, wie unser wortwelt® Kollege Axel Ebert in seinem Buch *Bullshitbusters* schreibt –

nur eben nicht ganz wahr. Tatsächlich hat auch die NASA Bleistifte bei ihren ersten Missionen eingesetzt. Der berühmt-berüchtigte Space-Pen wurde nicht von der NASA, sondern von Paul Fisher entwickelt. Die NASA kaufte 400 dieser Stifte um 6 Dollar pro Stück und der Clou der Geschichte: Auch die Sowjets erwarben 100 Stück. Klarer Bullshit also? Ja, diese Geschichte verdient wohl eine nachträgliche Richtigstellung. Für Storyteller enthält sie aber eine gute Lernerfahrung. Generell ist wichtig, dass der Kern und die Message stimmen. Rundherum dürfen Sie dichten, streichen oder auswalzen. Immer mit dem Ziel, dass die Geschichte so leichter behalten wird.

Sinnlich schreiben

Schließlich noch ein paar Wording-Tipps für Geschichten. Hier braucht es vor allem eines: Emotion, Emotion, Emotion. Das beginnt schon beim Titel, der uns packen sollte, weil er kreativ ist und neugierig macht. Versuchen Sie einen persönlichen Einstieg, geben Sie der Heldin oder dem Helden einen Namen. Verwenden Sie viele kurze Sätze – das hilft beim Spannungsaufbau. Unterhalten Sie mit Verben statt mit Hauptwörtern zu langweilen. Schreiben Sie aktiv statt passiv und vermeiden Sie Schachtelsätze. Und vergessen Sie nicht auf direkte Reden oder innere Monologe der Heldin oder des Helden. Das macht es lebendiger. Kurzum: Schreiben Sie so, wie Sie eine spannende Geschichte erzählen würden.

Emotional?	*Emotional!*
Sie freute sich sehr.	Sie hüpfte durchs Büro und klatschte in die Hände.
Er war sehr nervös.	Unsicher fingerte er an seinem Hemdkragen. Sein Gaumen war trocken, die Atmung flach.

In 8 Stunden fit für Storytelling

In den ersten 4 Stunden machte sich das Team von Great Place to Work® nicht nur mit dem Storytelling-Rüstzeug vertraut. Ein wichtiger Teil war auch, an eigenen Texten zu üben. Das Motto dabei: erzählen statt nur zu berichten. Es begann beim Unternehmenszweck. Aus *Experten für Arbeitsplatzkultur und Arbeitgeberattraktivität* wurde in Storytelling-Manier: *Wir zeigen, wie Arbeit glücklich macht.*

Für Doris Palz spielt emotionales Wording vor allem im Kundenkontakt eine Rolle. Ein erster Schritt war hier das Neuformulieren des Elevator Pitch, also einer kurzen Unternehmensbeschreibung für Great Place to Work®. Hier ging es noch nicht ums Geschichtenerzählen, sondern bildhafteres und nutzenorientiertes Wording. Die 3 einfachen Fragen dahinter:

- Was machen wir?
- Wo sind wir einzigartig?
- Was haben unsere Kunden davon?

Unternehmensbeschreibung alt	Unternehmensbeschreibung neu
Das Great Place to Work® Institute ist ein weltweit tätiges Unternehmen, das Firmen und Organisationen durch Forschung, Beratung und Training dabei unterstützt, eine von Vertrauen geprägte Arbeitsplatzkultur zu entwickeln sowie die Merkmale eines hervorragenden Arbeitsumfelds zu identifizieren, umzusetzen und aufrechtzuerhalten. Denn durch den Aufbau von einem für alle Seiten zufriedenstellenden Kreislauf aus persönlichen Leistungen und Anerkennung wird eine Arbeitsplatzkultur geschaffen, die geschäftliche Spitzenergebnisse erzielt und möglich macht. Derzeit unterstützen wir Unternehmen, Non-Profit-Organisationen und Regierungsbehörden in 45 Ländern auf allen sechs Kontinenten.	In 45 Ländern auf 6 Kontinenten haben wir von Great Place to Work® Institute nur 1 Ziel: eine Arbeitsplatzkultur voll Vertrauen schaffen. Wir erforschen, was Menschen im Arbeitsumfeld anspornt und glücklich macht. Gleichzeitig begleiten wir Firmen auf dem Weg zu einer wertschätzenden Unternehmenskultur. Denn erst durch die Leistung jedes einzelnen Teammitglieds werden Spitzenleistungen in unseren Partnerunternehmen möglich.

Storytelling als Technik verstehen

Danach ging es ans Geschichtenerzählen. Das übergeordnete Thema lautete: From good to great. Alle Teilnehmenden hatten 2 Wochen bis zum nächsten Workshop Zeit, eine Story mit maximal 1.000 Zeichen zu schreiben. Ein Kernbotschaft-Formular half bei der Content-Suche. Sie erinnern sich: Für die Kernbotschaft müssen die Schreibenden 3–4 Sätze notieren, die sie in den Köpfen der Leserschaft verankern wollen. Danach 3–4 drängende Fragen ihres Zielpublikums ergänzen. Das Ziel: Aus der Schnittmenge eine klare Kernbotschaft festmachen, um die sich die Geschichte rankt.

Auch sonst sollte nichts dem Zufall überlassen bleiben. Muss-Kriterien für die Geschichte waren eine Heldin oder ein Held, ein Konflikt und durch das Überwinden des Konflikts eine Lernerfahrung.

Mit einem so klaren Briefing konnten wir auch jene Teammitglieder motivieren, die anfangs dem Storytelling etwas skeptisch gegenüberstanden. Wichtig ist, dass die Teilnehmenden spüren: Technik kann Talent wunderbar ausgleichen. Manchmal fällt den vermeintlich Untalentierten das zielorientierte Storytelling sogar leichter. Sehr talentierte Storyteller formulieren im Business-Kontext oft zu ausschweifend. Auch vergessen sie gerne das Zielpublikum.

Auch für das Aufsetzen der Leserbrille gibt es Tools. Im vorangegangenen Kapitel haben wir die ICE-Methode vorgestellt – also das Abholen von Interessen, Bedenken und Erwartungen des Zielpublikums (Interest, Concerns, Expectations). Diese Übung haben wir auch mit dem Workshop-Team absolviert.

10 Geschichten, 10-mal Gänsehautfeeling

Beim zweiten Workshop lasen die 10 Autorinnen und Autoren ihre Geschichten vor. Doris Palz erinnert sich noch gerne zurück: »Dieses Gänsehautfeeling hatte es in noch keinem Seminar gegeben. Wir haben nicht damit gerechnet, dass dabei so emotionale Stories herauskommen. Da waren alle mit Herz dabei.«

Sie wollen ein Beispiel sehen? Wir haben diese Geschichte ausgesucht, weil sie alle Kriterien erfüllt – auch die sprachlichen. Vor allem der Wechsel zwischen langen und kurzen Sätzen und die direkten Reden sind Erfolgsbringer beim Storytelling.

Schnee von gestern?
50 Jahre arbeitete Herr Huber aufopferungsvoll für die Firma. Sie war wie eine Familie für ihn. Und nun das: ein Stich ins Herz. Letzte Woche fand die Firmenweihnachtsfeier statt. Ohne ihn. Er wurde einfach nicht eingeladen. »Sie stehen nicht mehr auf der Mitarbeiterliste«, rechtfertigt sich eine junge HR-Mitarbeiterin am Telefon. »Ein bedauerliches Versäumnis«, benennt sein ehemaliger Chef den Vorfall. Herr Huber ist vor 4 Monaten in den Ruhestand getreten. Im Unternehmen ist sein Typ dennoch gefragt: Zum Halten von Vorträgen oder als erfahrener Berater. Zum Feiern anscheinend nicht mehr.
Herr Huber zieht sich in den nächsten Wochen zurück und lehnt weitere Anfragen der Firma ab. Bis eines Morgens der Geschäftsführer persönlich anruft: »Wollen Sie Teil unserer neuen Senior Experts-Frühstücksrunden sein?« Er schluckt und stimmt leise zu. Sein Vorfall rund um die Weihnachtsfeier war schließlich der Anlass für dieses neue Format. Bei den monatlichen Frühstücksrunden treffen über 60-Jährige mit jüngeren Teammitgliedern zusammen, um gemeinsam die Schätze der Erfahrung zu heben. Ein Gewinn für Jung und Alt.

Raten Sie einmal, welches Kriterium die meisten Geschichten der Workshop-Teilnehmenden nicht erfüllten? Es waren nicht die Krisen und auch nicht die Learnings daraus. Es war die Textlänge von 1.000 Zeichen. Die Begeisterung fürs

Geschichtenschreiben war so groß, dass einige Texte doppelt bis dreifach so lang waren.

Herkunftsgeschichte wie Familiensilber
Für Doris Palz zeigt auch die Herkunftsgeschichte von Great Place to Work®, wie bildreiches Erzählen Türen öffnen kann: »Es ist wie eine Familiengeschichte, aus der etwas ableitbar ist. Sie wird von Generation zu Generation weitergeleitet – wie das Silberbesteck.«

Diese wollen wir Ihnen nicht vorenthalten – vielleicht ist ja das eine oder andere für Sie dabei? Denn Sie wissen ja: Fakten sind eine Sache, Fiktion eine andere.

»Was passiert nur in dieser Welt?«, dieser Gedanke ging Robert Levering so oft durch den Kopf. Vor allem dann, wenn der Wirtschaftsjournalist einen Bericht zum Thema schlechte Arbeitssituation, Streiks oder Klagen in der Berufswelt verfasste. Eines Tages 1981 saß er wieder einmal grübelnd an seinem Schreitisch, als ihn das Klingeln des Telefons aus seinem Gedankenkarussell riss.

Am anderen Ende die begeisterte Stimme eines New Yorker Verlegers: »Herr Levering, ich möchte gemeinsam mit Ihnen und Milton Moskowitz ein Buch mit dem Titel »The 100 Best Companies to Work for in America« schreiben. Haben Sie Interesse?« Stille. Ein kurzer Seufzer und dann: »Unmöglich«, so Leverings erste Reaktion. Wie sollte er nur ein Buch über die besten Arbeitsplätze schreiben, wenn doch so viel falsch lief in der Arbeitswelt? Doch plötzlich begriff er, welche Chance sich ihm bot. Auf der Suche nach Erfolgsfaktoren fänden sich vielleicht auch Antworten auf die vielen ungelösten Fragen. Und er stimmte schließlich zu.

In den Wochen darauf begab sich der Redakteur mit seinem Freund Moskowitz auf eine spannende Entdeckungsreise. Eine Reise, die ihr Leben verändern sollte. Die beiden besuchten viele herausragende und besondere Arbeitgeber in ganz Amerika und führten Interviews mit den Mitarbeitenden. Menschen, die Freude hatten, jeden Tag gerne kamen und stolz waren, auf das, was sie taten. Ihre Begeisterung hatte nichts mit ihrem Gehalt oder schönen Büros zu tun. Es war ein höherer Wert, ein unbezahlbarer Wert und doch so simpel: Der Umgang miteinander, die ehrliche Kommunikation. Kurz gesagt das Vertrauen zwischen Führungskraft und Belegschaft – die Basis eines jeden Erfolges.

»Das muss die Welt erfahren«, war Levering begeistert und begab sich auf seine Mission. 1984 wurde sein Bestseller veröffentlicht. Schon bald darauf folgte die nächste Publikation »What Makes Some Employers So Good and Most So Bad« und damit ein neuer Lebensweg für Levering. Das Erheben und Verfassen seiner Erkenntnisse reichten ihm nicht mehr. Er wollte sein Wissen direkt an die Menschen in den Unternehmen weitergeben, Arbeitsplätze mit Vertrauenskultur gestalten.

Das »Great Place to Work Institut« öffnete 1991 seine Tore und erweiterte sein Netzwerk in wenigen Jahren auf über 50 Länder weltweit.

10. Kundenkontakte, die das Herz berühren

»Eine Firma meldete sich Freitagnachmittag: Sie brauchten ein Ursprungszeugnis für die Warenausfuhr – noch vor dem Wochenende. Wir sind dann am Samstag hingefahren und haben es ihnen gebracht.«

Quelle: Wirtschaftskammer Oberösterreich (2009)

»Ich habe den Kunden zum Abschied zum Aufzug gebracht und dabei erfahren, dass er jetzt in Slowenien aktiv ist und dort ein Problem hat. Mein Tipp, dass die AWO dafür eine Lösung bietet, half ihm weiter.«

Quelle: Wirtschaftskammer Österreich (2007)

»Ein Mitglied mit Migrationshintergrund hatte Probleme mit der Gastgewerbe-Prüfung. Ich habe mit ihm einige Nachmittage gelernt und er hat dann die Prüfung geschafft. Er ist erfolgreich und kommt immer noch regelmäßig in die Kammer und bedankt sich.«

Quelle: Wirtschaftskammer Salzburg (2009)

»Eine schwer sehbehinderte Frau kommt zu uns und möchte die Befähigungsprüfung »Massage« absolvieren. Wegen ihrer Sehbehinderung ist die schriftliche Prüfung kaum schaffbar. Um der Kandidatin die Prüfung dennoch zu ermöglichen, haben wir die Fragen in großen Lettern auf A3-Papier gedruckt und die Prüfung ausnahmsweise gestaffelt über 14 Tage abgehalten. Unsere Kandidatin hat trotz ihrer Sehbehinderung alle fünf Prüfungsmodule mit Bravour bestanden. Mit Freude haben wir ihr das Zeugnis überreicht.«

Quelle: Wirtschaftskammer Kärnten (2009)

Das sind nur einige von vielen Servicegeschichten aus den Wirtschaftskammern Österreichs. Vor Jahren schon hatten sie sich zum Ziel gesetzt, mit ihrem Service stärker zu punkten. Warum? Die Organisation ist vor allem für ihre Wirtschaftskompetenz bekannt, für engagierten und herzlichen Service jedoch weniger. Das sollte sich ändern. 2007 schlug die Geburtsstunde des *HerzVerstand,* als ein ambitioniertes Team drei Servicewerte samt Standards festlegte. So sollten Unternehmerinnen und Unternehmer ihre Interessenvertretung in Zukunft erleben: begeisternd, sympathisch und kompetent.

Eine starke Ansage, die ab 2008 den Weg in die Bundesländer fand und daher auch in der Wirtschaftskammer Kärnten ankam. Hier ist der *HerzVerstand* bis heute besonders lebendig. Die Projektleiterin Jutta Steinkellner erinnert sich gut an den Beginn: »Mit den ersten HerzVerstand-Aktionen ging ein richtiger Ruck durch unser Haus und Service war plötzlich Gesprächsstoff.«

Das ehrenwerte Haus

Die Wirtschaftskammer Kärnten hatte guten Service allerdings immer schon großgeschrieben. Bereits die Kundenbefragung 2007 zeigte den Wert 1,83 auf der Schulnoten-Skala. Seit damals hat sie im Service österreichweit stets die Nase vorne. 2017 fiel die Befragung mit 1,41 bislang am besten aus.

Michael Stattmann, Direktor der Wirtschaftskammer Kärnten ist stolz auf sein Team: »Ohne meine Leute wären diese Bestnoten im Service nicht möglich. Der Servicekunde spürt, ob Kundenorientierung ehrlich und leidenschaftlich ist. Aber wir wollen noch besser werden. Wer stehen bleibt, verliert.«

Serviceexzellenz ist daher als strategisches Ziel fest in

der Organisation verankert und auch in den Zielvereinbarungen der Führungskräfte fixiert. Allen ist klar: Bei jedem Kontakt sollen Mitgliedsbetriebe den *HerzVerstand* spüren. Immerhin gab es im Jahr 2018 fast 50.000 Unternehmerinnen und Unternehmen, die von gutem Service ihrer Interessenvertretung in Kärnten profitierten.

Rund 200 Mitarbeiterinnen und Mitarbeiter krempeln tagtäglich ihre Ärmel hoch, um dieses Ziel zu erreichen. Und die Möglichkeiten für guten Service sind zahlreich – gab es beispielsweise im Jahr 2017 ca. 35.000 telefonische und 10.000 persönliche Beratungen. Rund 5.000 Unternehmerinnen und Unternehmer holten sich schriftlich Rat bei der Wirtschaftskammer Kärnten. Also in nur einem Jahr rund 50.000 Chancen für das *ehrenwerte Haus*, Unternehmerinnen und Unternehmer zu beeindrucken.

Sie fragen, was es mit dem *ehrenwerten Haus* auf sich hat? Ganz einfach. Zum Start der *HerzVerstand*-Initiative gab es eine Veranstaltung, die alle Mitarbeitenden der Wirtschaftskammer Kärnten auf guten Kundenservice einschwören sollte. Dafür inszenierten Mitarbeitende auch einen eigenen Song. Der Titel: das ehrenwerte Haus:

Ehrenwertes Haus
In diesem Haus da schöpfen wir seit Jahr'n und sind hier wohlbekannt
Doch stell dir vor, erst jetzt gibt's Herz & Verstand
A neue Aktion vom Direktor und wir kriag'n an Graus
Es ist das 87igste Projekt in diesem ehrenwerten Haus.
Kundenservice in der Kammer wird ab heute leicht gemacht
Die Jutta Steinkellner, die hat sich dabei etwas gedacht
Wir alle sind die Wirtschafskammer, ja und so schaut's aus
Wir prägen mit unserem Einsatz das Image dieses ehrenwerten Haus.

Wir haben 180 Leute, schaut's euch einmal die lange
Liste an
A jeder von uns die Mitglieder begeistern kann
Die von der Info sind immer da, tagein – tagaus
Rundum sympathisch und perfekt – ist unser ehrenwer-
tes Haus.
Und dann die Sparten, die das Mitglied verwöhnen,
egal wie spät es ist
Der Klausi Köpf, der uns stets erklärt, was hier im
Haus verboten ist
Der Robert Ukowitz, der schaut die ganze Zeit zur Tür
hinaus
Ob zufällig in der Business Lounge wer ist – in unsrem
ehrenwerten Haus.
Der Wassermann, der starrt mich jedes Mal im Aufzug
schamlos an
Der Guntram Jilka, mit dem Handy in der Hand, der
nicht im Büro sein kann
Finanz und Rechnungswesen füllen 1000 Antragschei-
ne aus
Und trotzdem sind wir kompetent, denn dies ist ja ein
ehrenwertes Haus.
Wenn du mich fragst, ein jeder macht das Beste draus
Mit Herz und Verstand wird es noch besser – unser eh-
renwertes Wirtschaftskammerhaus.

Text: Kurt Wolf, Gesang: Manuela Schellander

Neben Informationen zum *HerzVerstand* stand bei diesem Event vor allem die emotionale Beschäftigung mit dem
Thema im Vordergrund. Noch heute ist diese legendäre Veranstaltung in aller Munde. Es begann schon mit der Einladung, die mit Herz und Verstand formuliert war:

»Liebe Kolleginnen und Kollegen,
Sie sind nicht nur dabei, sondern mitten drin!
Lassen Sie sich für Kundenorientierung mit Herz-
Verstand begeistern. Das Drehbuch für motivierte
MitarbeiterInnen und zufriedene KundInnen ist ge-
schrieben. Gemeinsam überzeugen wir mit Sympa-
thie, Kompetenz und Begeisterung, denn wir alle sind
Wirtschaftskammer.«

Im Programm gab es dann noch mehr Herz: vom HerzCocktail, dem HerzTheater bis zur Modenschau HerzFashion. Die Mitarbeitenden hatten sich aktiv beteiligt – sei es als Schauspielerinnen und Schauspieler oder als Model im Business Look.

Damit war es nicht getan. Viele Aktionen hatten die Mitarbeitenden in den darauffolgenden Wochen und Monaten immer wieder an den *HerzVerstand* erinnert. Das gemeinsame Ziel: Die Servicestandards erfolgreich im Alltag umsetzen und damit für WOW-Effekte sorgen. In kleinen Gruppen entdeckten die Teams ihre persönlichen Erfolgsstorys und entwickelten Ideen für noch professionellere Kundenbeziehungen.

Zum Bespiel gab es für jeden österreichweiten Servicestandard Ergänzungen, was er für die Mitarbeitenden in der Wirtschaftskammer Kärnten bedeutet

Freundlich verabschieden
Der letzte Eindruck ist oft der bleibende. Wir verabschieden unsere Kundinnen und Kunden herzlich. Wir begleiten sie zur Tür. Wenn es passt, rufen wir ihnen auch den Lift.
Für uns heißt das auch:
● Wenn es möglich ist, begleiten wir unsere Kunden bis zur nächsten Ansprechperson.

- Wir denken an Parktickets.
- Eventuell rufen wir für unsere Kunden ein Taxi.

Ein weiterer Output dieser Workshops war eine Sammlung von Argumenten. Damit können Mitarbeitende auch kritische Fragen zur Wirtschaftskammer einfach beantworten. Zum Beispiel:

Frage: In der Wirtschaftskammer Kärnten hast du einen gemütlichen und sicheren Beamtenjob, aber durch welche Beziehungen hast du ihn bekommen?

Antwort: Ich bin kein Beamter und musste mich wie für jeden anderen Job bewerben und qualifizieren. Wir unterliegen dem Angestelltengesetz. Es gibt keine Pragmatisierung, wir sind jederzeit kündbar und es gibt keine Bevorzugungen.

Der rote Faden

Ganz wichtig ist Jutta Steinkellner, dass im Service eine durchgängige Linie erkennbar ist – und zwar an allen Kontaktpunkten: »Im persönlichen Kontakt ist das ganz einfach. Da sind unsere Mitarbeiterinnen und Mitarbeiter super authentisch und der HerzVerstand fällt meist ganz leicht. Schon mehr Herausforderungen gibt es bei Telefonaten, aber am schwierigsten sind schriftliche Kontakte. Sie zeigen die Seele unseres Hauses und brauchen besonderes Augenmerk. Außerdem wächst gerade eine Generation heran, die lieber schreibt, als persönlich in Kontakt zu treten.«

Schreiben macht manchmal Kopfzerbrechen. Das liegt zum Teil an den sehr komplexen Themen. Mitunter fehlt den Mitarbeitenden die Übung, Schwieriges einfach auszudrücken. Deshalb war der einheitliche Schreibstil ein weiterer Schwerpunkt der *HerzVerstand*-Initiative. Unter dem Motto *WKOimWort* fanden in anderen Wirtschaftskammern bereits Trainings statt. Nun auch in der Wirtschaftskammer Kärnten.

Mit HerzVerstand schreiben

Serviceorientiert formulieren bedeutet vor allem, sich in andereden hineinzuversetzen. Fachleute sind oft geneigt, alles niederzuschreiben, was sie wissen. Was kommt dabei heraus? Sehr viel Wissensmüll. Dieser in der Wirtschaftskammer zugegebenermaßen sehr intellektuelle Müll kommt beim Gegenüber jedoch nicht gut an. Denn solche Schreiben wirken oft besserwisserisch und abgehoben. Viele Briefe gehen so sehr ins Detail, dass man die Antwort auf die Frage kaum mehr herauslesen kann.

Die Moral von der Geschichte: Lesen Sie immer genau, welche Fragen Ihre Kundinnen und Kunden wirklich haben. Und beantworten Sie diese kurz und klar – und zwar nur diese.

Nicht auf Augenhöhe kommunizieren ist ein weiteres Foul, wenn es um guten Service geht. Und da haben es Organisationen wie die Wirtschaftskammer nicht leicht. Haftet ihnen doch immer noch ein bürgerfernes Amtsimage an.

Wie bringen Sie mehr Herz in Ihre Korrespondenz? Ganz einfach: Zeigen Sie Verständnis für die Fragen und Probleme Ihres Gegenübers. Erzählen Sie von eigenen Erfahrungen mit schwierigen Themen. Und geben Sie mehr, als von Ihnen erwartet wird. Dann gibt es die berühmten Aha-Erlebnisse, die positiv im Gedächtnis bleiben – auch bei Kleinigkeiten. Und natürlich geht das auch in Schriftstücken.

Hier ein paar überarbeitete Textpassagen aus der Wirtschaftskammer Kärnten:

Alt	Vorschlag mit HerzVerstand
Da Sie ab heute den WIFI-Vorbereitungskurs für die Befähigungsprüfung »Überlassung von Arbeitskräften« besuchen werden, und wir annehmen, dass Sie im Anschluss die Prüfung absolvieren möchten, übermittelt Ihnen die Meisterprüfungsstelle der Wirtschaftskammer Kärnten in der Anlage die Prüfungsordnung und weitere Informationen zur Befähigungsprüfung.	Schön, dass Sie sich zum Vorbereitungskurs für die Befähigungsprüfung angemeldet haben. Sie wollen danach die Prüfung ablegen? Alle Infos inklusive der Prüfungsordnung finden Sie in der Anlage.
Der Erlagschein, der in der Anlage eingefügt ist, wäre nur zu verwenden, wenn Sie die Prüfung in Kärnten absolvieren wollen (jedes Bundesland hat einen eigenen).	Wollen Sie die Prüfung in Kärnten absolvieren? Dann verwenden Sie bitte den Erlagschein in der Anlage. Wenn Sie in einem anderen Bundesland antreten, gilt dieser Erlagschein nicht. Gerne besorge ich Ihnen den richtigen. Melden Sie sich einfach bei mir unter T: XXX
Sehr geehrter Herr XXX, leider war es Ihnen nicht möglich an der Mitgliederehrung im Rahmen der diesjährigen »Fachgruppentagung«, veranstaltet durch die Landesinnung XXX am XXX teilzunehmen.	Sehr geehrter Herr XXX, schade, dass Sie nicht dabei sein konnten. Wir haben Sie bei der Fachgruppentagung vermisst. War es doch Ihr Tag.
Aufgrund der uns vorliegenden Unterlagen ergibt sich folgender, von Ihrer Darstellung abweichender Sachverhalt: …	Wir haben uns Ihre Unterlagen genau angesehen. Dabei ist uns aufgefallen, dass Ihre Darstellung in diesem Punkt von unserer Sicht abweicht: …

117

Alt	Vorschlag mit HerzVerstand
Im Rahmen der praktischen Prüfung besteht die Möglichkeit zu beweisen, dass man befähigt ist, das vorbereitete Projekt und die vorgegebenen Arbeitsproben in die Praxis umzusetzen. Dabei kommt es besonders auf die meisterliche, hygienisch einwandfreie Arbeitsweise an. Alle hergestellten Produkte sollen optisch und geschmacklich ausgewogen sein.	Es ist Ihre Chance! Beweisen Sie, dass Sie Ihr Handwerk verstehen. Wichtig sind meisterliche und hygienisch einwandfreie Arbeitsweisen. Und natürlich müssen Ihre Produkte schmecken und optisch ansprechend sein.

Sie sehen, mit Herz zu kommunizieren ist gar nicht so schwer. Hier noch ein Beispiel von einem sehr persönlichen Brief:

Alt	Vorschlag mit HerzVerstand
Sehr geehrte Frau XXX! Die Nachricht vom Ableben Ihres Gatten, Herrn XXX, erfüllt uns mit großer Betroffenheit. Über Jahrzehnte war der Verstorbene Mitglied der Landesinnung. Stellvertretend für die Landesinnung erlauben wir uns, Ihnen und Ihrer Familie unsere aufrichtige Anteilnahme auszusprechen. Die Kärntner Landesinnung wird Herrn XXX als einen Förderer und Freund des Handwerks stets in ehrender Erinnerung behalten. In aufrichtiger Anteilnahme XXX	Sehr geehrte Frau XXX, ein sehr trauriger Anlass, Ihnen zu schreiben. Wir sind bestürzt über den Tod Ihres Mannes und werden ihn sehr vermissen. Ein erfülltes Leben ist zu Ende gegangen, plötzlich und unfassbar für alle. Wir werden XXX in guter Erinnerung behalten. Als Innungsmeister hat sich Ihr Mann viele Jahre tatkräftig für die Kärntner Wirtschaft eingesetzt. Aber auch österreichweit schätzten Kolleginnen und Kollegen sein Engagement und seine Expertise.

Unvergessen bleiben auch sein
Humor und seine Lebensfreu-
de. Ihr Mann wird uns ein
Vorbild bleiben.
Wir fühlen mit Ihnen und
wünschen Ihnen viel Kraft in
dieser schweren Zeit.
In Gedanken bei Ihnen
XXX

Herzerfrischend am Telefon

Sie sagen: Eine Kammer muss nicht herzerfrischend sein.
Sie haben recht, nicht immer und überall. Allerdings erreichen Sie mit Herzlichkeit oft viel mehr. Ein offenes Ohr und
freundliche Worte öffnen nicht nur Herzen, sondern auch
viele Türen. Und dem Image hilft es zusätzlich.

Die gute Nachricht: Am Telefon ist es viel einfacher, ein
gutes Klima zu schaffen als in Texten. Sie haben einen direkten Draht zur Person am Ende der Leitung und können
diese viel besser einschätzen und für sich gewinnen. Auch
können Sie Fragen sofort beantworten oder Unklarheiten
ausräumen.

Eine gute Telefonkultur lässt sich jedoch nicht verordnen. Vielmehr geht es darum, das Bewusstsein der Mitarbeitenden zu schärfen und den Nutzen für die eigene Arbeit
hervorzuheben. Viele Unternehmen erarbeiten Telefonhand-
bücher und glauben, mit diesem Regelwerk samt Schulungen
sei es getan. Auch hier gilt: Wenn Mitarbeiterinnen und Mitarbeiter die Vorteile erkennen, sind sie eher bereit, danach zu
handeln – manche begeistern sich sogar dafür.

Die Wirtschaftskammer Kärnten hat auch einen Sprachleitfaden entwickelt und festgelegt, was Telefonieren mit

HerzVerstand bedeutet. Doch wie immer im Leben macht der Ton die Musik. So lauten die ersten Sätze des Kärntner Telefonleitfadens, der die Mitarbeitenden inspirieren soll:

»Haben Sie sich schon einmal so richtig über ein Telefonat gefreut? Dann erinnern Sie sich vielleicht noch, was das Besondere daran war: Die Stimme? Die kompetenten Antworten? Die sympathische Wortwahl? Das Engagement? Oder alles zusammen?

Wir wollen eine Telefonkultur leben, die unseren GesprächspartnerInnen positiv im Gedächtnis bleibt. Damit stärken wir das gute Image der Wirtschaftskammer Kärnten bei Unternehmerinnen und Unternehmern. Uns selbst bringt es noch mehr Freude bei der Arbeit.

Wie tun wir das? Wir orientieren uns auch beim Telefonieren am HerzVerstand und unseren Servicewerten.«

Danach finden sich viele Tipps und Tricks, wie der *Herz-Verstand* in Telefonaten spürbar werden kann. Beispielsweise gibt es konkrete Gegenvorschläge für unreflektierte Floskeln wie den Satz *»Da bin ich nicht zuständig«*. Solche Aussagen kommen beim Gegenüber nicht gut an. Kundinnen und Kunden ist es meist egal, wer wofür zuständig ist. Sie wollen einfach eine Lösung. *»Gerne kümmere ich mich darum«* kommt hingegen als Antwort gut an. Man spürt, dass man mit seinem Problem ernst genommen wird und dass sich jemand wirklich einsetzt.

Ein anderes Beispiel – Sie kennen das sicher. Jemand wird falsch zu Ihnen verbunden und Sie antworten: *»Hier sind Sie aber ganz falsch«*. Auch das ist Innensicht und interessiert andere nicht. Außerdem bleibt bei Ihrem Gegenüber vielleicht hängen: »Ich bin falsch.« Das ist ebenfalls nicht gut. Ein Antwortvorschlag mit *HerzVerstand* könnte lauten: *»Diese Frage kann meine Kollegin XXX am besten beantworten. Sind Sie einverstanden, wenn ich Sie gleich weiterverbinde?«*

Wer schwatzt denn da?
Das digitale Zeitalter ist auch beim *HerzVerstand* angekommen. Heute wollen Menschen Antworten auf ihre Fragen möglichst in Echtzeit. Das Angebot der Wirtschaftskammer Kärnten: ein Live-Chat. Nicht als Chatbot, sondern noch mit echten Menschen dahinter.

Das *ehrenwerte Haus* musste sich hier etwas umstellen – in seiner Geschwindigkeit und seinem Schreibstil. Erlaubte der Servicelevel bisher 24 Stunden, muss beim Live-Chat die Antwort sofort kommen. Damit durften Stil und Tonalität auch etwas lockerer werden. Sätze wie »*Hallo, wie kann ich helfen?*« oder die kurze Nachfrage »*Alles klar?*« sind in diesem Medium erlaubt. Auch Smileys und Abkürzungen wie »*LG*« oder »*gg*« dürfen sein. Und Tippfehler sind in dieser schnellen Welt ebenfalls nicht mehr völlig tabu.

Diese Verjüngungskur fand auch Einzug in ganz normale E-Mails der Wirtschaftskammer Kärnten. So können Sie heute solche frischen, ganz und gar nicht amtsschimmeligen Sätze lesen:

- Schön, dass Sie Unternehmerin werden wollen. Gerne helfen wir Ihnen weiter.
- Die Personalabteilung hat Ihre Bewerbung schon am Schreibtisch liegen.
- Sie brauchen eine Rechtsberatung? Gerne organisiere ich einen Termin.
- Auf welchen Namen ist Ihr Gewerbeschein denn ausgestellt? Wir haben Sie in unserer Datenbank nicht gefunden.

Immer am Ball bleiben
Wie hält die Wirtschaftskammer Kärnten das hohe Niveau ihrer Kundenorientierung? »Wir sind sehr konsequent bei der Umsetzung und führen laufend Verbesserungsmaßnah-

men durch. Was aber am meisten punktet, sind die Empathie und Leidenschaft unsere Mitarbeiterinnen und Mitarbeiter. Sie sind der Garant für unseren ausgezeichneten Service«, so Michael Stattmann.

Das erreichte die Wirtschaftskammer Kärnten vor allem auch durch regelmäßiges Kommunizieren von Servicegeschichten. Sie waren in aller Munde und zeigten, was alles möglich ist. Was hilft dabei? Der Kundenkreis ist vor allem in den Bezirken überschaubar – alle kennen sich. Da organisiert schon mal eine Mitarbeiterin der Wirtschaftskammer für eine Jungunternehmerin eine private Vertriebsparty und lädt Bürokollegen und eigene Freunde ein. Oder man greift ganz selbstverständlich zum Telefon und gratuliert, wenn die Tochter eines Unternehmers in der Region die Matura geschafft hat. Und natürlich plaudert man dann auch, was das Geschäft so macht. Mit Herz und Verstand eben.

Während der vielen Jahre des Projektes gab es jede Menge *HerzVerstand*-Aktionen. Derzeit ist die Wirtschaftskammer Kärnten beim *HerzVerstand* 4.0 angelangt. Mit Maßnahmen wie etwa dem genauen Überprüfen ihrer Serviceprozesse durch eine Customer Journey. Im Zentrum stehen Fragen wie diese: Welche Prozesse passen heute noch? Wo muss die Wirtschaftskammer Kärnten ansetzen, um noch mehr *HerzVerstand* in ihr Service zu bringen? Mitarbeiterinnen und Mitarbeiter aus unterschiedlichsten Bereichen haben darauf die richtigen Antworten gefunden. Jutta Steinkellner schwärmt von ihren Projektgruppen: »Wir bringen viel weiter, weil wir Arbeitsgruppen immer ganz unterschiedlich zusammensetzen. Immer sind auch Mitarbeitende mit wenig Projekterfahrung dabei. Sie sind herrlich unverbraucht und haben geniale Ideen.«

Was steht für die nächsten Wochen und Monate auf dem Programm? Das Einführen eines neues Beschwerde-Managementsystems und ein internes Vorschlagswesen zum Sammeln neuer *HerzVerstand*-Ideen. Und nicht zu vergessen, ein neuer Anlauf bei Servicegeschichten. Sie sollen auf Facebook, LinkedIn, Instagram etc. veröffentlicht werden. Warum sind Servicegeschichten so wichtig? Jutta Steinkellner weiß den Grund: »Es geht vor allem darum, das tägliche Klein-Klein für alle sichtbar zu machen. Die Arbeit im Service wird nie gesehen – nur, wenn es Beschwerden gibt.«

Post für den Direktor

Auch diese Aktion ist ein schönes Beispiel einer *HerzVerstand*-Initiative der letzten Jahre. Was steckte dahinter? Alle Führungskräfte der Wirtschaftskammer Kärnten sollten mit ihren Teams *HerzVerstand*-Workshops abhalten. Das Thema: Verbesserungen im Service des eigenen Bereiches identifizieren und konkrete Maßnahmen entwickeln.

Aus Erfahrung wissen wir, dass solche Termine viel Diskussionsstoff bieten und manchmal für Jammerei sorgen. Die eigene Abteilung würde ja gerne kundenorientiert handeln, nicht änderbare Hindernisse stehen aber im Weg. Und dann verbeißt man sich in Dinge, die nicht gehen, statt sich auf machbare Verbesserungen im eigenen Bereich zu konzentrieren.

Mit einem kleinen Trick wurden die Team-Workshops ein voller Erfolg. Denn die Teams mussten in zwei Schritten vorgehen. Zuerst diskutierten die Teammitglieder bereichsinterne Maßnahmen und erstellten daraus eine To-do-Liste. Sie wurde auf einem Plakat gut sichtbar im Büro aufgehängt. Welche Maßnahmen waren dabei? Etwa: Wir müssen Rückruf-Termine in Zukunft verlässlich einhalten. Oder: Urlaubsübergaben erfolgen schriftlich. Oder: Regeln, wie ein Büro in der Dienstzeit immer erreichbar ist.

Dann folgten Probleme und Ideen, die die Teammitglieder bereichsintern nicht lösen oder umsetzen konnten. Sie kamen auf Postkarten an den Direktor. Grüne Postkarten mit der Aufschrift »*Um unsere Servicestandards noch besser zu leben, müssen wir das noch bedenken, ändern, lösen … «.* Rote Postkarten mit der Aufschrift »*Unsere Ideen für ein noch professionelleres Service … «.*

Michael Stattmann erhielt insgesamt 17 grüne und 21 rote Postkarten aus dieser Aktion. Daraus entstanden weitere *HerzVerstand*-Projekte. Beispielsweise wurde die Produktpalette der Wirtschaftskammer Kärnten im Sinne von Qualität vor Quantität durchforstet.

In einer Mitarbeiterveranstaltung präsentierte Michael Stattmann die Ergebnisse der Postkartenaktion und stellte erste Projekte vor. Alle Details fanden sich auf der *Herz-Verstand*-Intranetseite. Selbstverständlich mit Fotos und allem Drum und Dran. Und die alten To-do-Plakate hängen zum Teil heute noch in den Büros – als Erinnerung an das Gemeisterte.

Ehre, wem Ehre gebührt

Dranbleiben lohnt sich. Das zeigen nicht nur die hervorragenden Zufriedenheitswerte der Wirtschaftskammer Kärnten, sondern auch das Qualitätssiegel »Top Service Österreich 2018«, das der Wirtschaftskammer Kärnten verliehen wurde. Damit rangiert sie in der Excellenzgruppe unter den Besten gemeinsam mit Austrian Airlines, GIS Gebühren Info Service ING-DiBa oder win2day.

Und was sagt die Serviceleiterin dazu? »Das Qualitätssiegel hat mich sehr in meiner Arbeit bestärkt. Unser HerzVerstand-Ansatz wirkt. Wir drehen nicht an einzelnen Schrauben, sondern sehen immer die ganze Customer Journey mit ihren vielen Ansatzpunkten. Ein ganz wesentlicher Teil davon ist die Sprache.«

11. Ratgeber, die ihren Namen verdienen

Sie kennen die alten Informationsbroschüren der Arbeiterkammer? Auf unzähligen eng beschriebenen Seiten im A5-Format findet sich geballtes Fachwissen. Vom Arbeitsrecht bis zum Mietrecht gibt es für fast jedes Arbeitnehmer- oder Konsumentenschutzproblem Rat – samt Rechtshinweisen und Gerichtsentscheidungen. Ganz leicht hat es die Leserschaft dabei nicht. Denn sie muss viele Textwüsten überwinden – immer dem Verdursten nahe. So manche Sätze haben über 50 Wörter gespickt mit Fachvokabeln, Abkürzungen und Zitaten aus Paragrafen. Ein vertrautes Spielfeld für Fachleute, eine Durststrecke für Menschen ohne Rechtskenntnisse.

Solche Sätze mit 60 Wörtern und mehr waren keine Seltenheit und mehr Konzentrationsübung als rasche Information: »Seit 1. 1. 2011 beträgt das Altersteilzeitgeld bei kontinuierlicher Altersteilzeit 90 % der Mehraufwendungen des vom Arbeitgeber gewährten Lohnausgleichs, aber maximal bis zur Höchstbeitragsgrundlage gemäß § 45 ASVG und der zu entrichtenden Arbeitgebersozialversicherungsbeiträge für die Differenz zwischen dem Teilzeitentgelt und dem vor Eintritt in die Altersteilzeit liegenden Entgelt inklusive IESG-Zuschlag und der zu entrichtenden Arbeitnehmersozialversicherungsbeiträge für die Differenz zwischen dem Entgelt des Arbeitnehmers während der Altersteilzeit (Teilzeitentgelt zuzüglich Lohnausgleich) und dem vor Eintritt in die Altersteilzeit liegenden Entgelt inklusive IESG-Zuschlag.«

Und trotzdem: Viele Menschen holen sich die AK Informationsbroschüren, steht doch die Arbeiterkammer für verlässliche Qualität. Noch viel mehr wählen die Nummer der Beratungsservices der Arbeiterkammer. Denn im Erklären komplizierter Bestimmungen sind die Expertinnen und Experten der Arbeiterkammer unschlagbar. Das zeigen auch die Zahlen: Rund 2 Millionen Beratungen gab es 2017 für die AK Mitglieder in Österreich.

Nicht immer geht es dabei um komplizierte Fälle. Oft sind es allgemeine Fragen, die auch andere Mitglieder beschäftigen. Die Antworten darauf können Broschüren, Folder oder Webartikel sehr gut transportieren – vorausgesetzt, die Inhalte sind verständlich formuliert. Warum sollte schriftlich nicht möglich sein, was mündlich täglich passiert? Verständliche, empathische und ermutigende Beratungen und Informationen für die AK Mitglieder.

Rechtlich einwandfreie und doch verständliche Texte, das war das Ziel des ambitionierten Corporate Publishing-Projektes der AK Wien im Herbst 2015.

Wolfgang Mitterlehner leitet die Kommunikationsabteilung der AK Wien und hat das Projekt ins Leben gerufen. Er hatte von Anfang an noch ein weiteres Ziel vor Augen: »Lesefreundliche Texte sind eine Sache, die andere geht in Richtung Vereinfachung interner Prozesse. Wenn wir Texte nur einmal formulieren müssen und in verschiedenen Medien verwenden können, ersparen wir uns viel Arbeit. Wahrscheinlich geht das nicht zu 100 Prozent – jedes Medium verlangt einen anderen Stil. Mit nur leichten Anpassungen der Texte haben wir unser Ziel aber erreicht.«

Das Zauberwort hieß also Medienkonvergenz. Alle Überlegungen des Projektes gingen daher nicht nur in Richtung Verständlichkeit, sondern auch in Richtung Struktur, die multimedial funktioniert.

Werte und Worte

Viele Texte der Arbeiterkammer haben es also in sich. Sie sind sperrig und wenig leserfreundlich. Expertinnen und Experten wollen alle Inhalte möglichst detailliert und genau niederschreiben. Denn die Ratgeber-Broschüren dürfen weder Fehler noch Ungenauigkeiten enthalten. Sie müssen zu 100 Prozent rechtssicher sein. Das ist aber für viele Menschen zu kompliziert. Sie steigen aus, manche rufen vielleicht an. Was also tun? Die Projektleiterin Susanne Vorhofer bringt es auf den Punkt: »Eine unserer wichtigsten Aufgaben ist, unseren Mitgliedern mit Rat und Tat zur Seite stehen. Also Expertenwissen für alle. Wir müssen den Spagat zwischen richtigem Inhalt und verständlicher Sprache meistern, sonst schließen wir zu viele Menschen aus. Wo in Zukunft Ratgeber draufsteht, soll auch Ratgeber drinnen sein.«

Im ersten Projektschritt erarbeitete Susanne Vorhofer daher mit einem Team und ihren Kolleginnen und Kollegen aus den Ländern ein Publishing-Konzept. Dieser engagierte Kreis definierte gemeinsam 3 Schreibwerte samt Wording-Tipps. Die Texte der Arbeiterkammer sollten in Zukunft verständlich, empathisch und ermutigend formuliert sein und so mehr Lesefreude schaffen.

Verständlichkeit und Co

Zu Beginn haben sich die Teilnehmenden des Workshops intensiv mit Textpassagen aus ihren Broschüren befasst. Die Gretchenfrage: Was sind die größten Lesehürden? Beispielsweise kommen nützliche Informationen oft erst am Textende – nach vielen Details und Rechtshinweisen. Oft findet man Gesetzestexte direkt in den Fließtext eingebaut. Die Teilnehmenden fragten sich daher: Sind wirklich immer alle Detailinformationen für das Verständnis eines Inhalts notwendig? Oder könnte durchaus auch einmal auf den einen oder anderen Hinweis verzichtet werden? Jedenfalls müssen verschiedene Informationsebenen her. Auch Mut zur Lücke war angesagt.

Was fanden die Teilnehmenden noch? Verschachtelte Satzmonster von rund 50 Wörtern und viele Hauptwörter.

Aber auch in Sachen Kundennähe gibt es Luft nach oben. So sprechen die Schreibenden ihre Leserschaft selten direkt an. Viele Passagen sind durchgehend in der dritten Person oder im Passiv verfasst. Ein weiteres Manko: kein Gendern – obwohl die Arbeiterkammer in ihrer Politik und in ihren Medien viel Wert auf Genderfairness legt.

Was fiel noch auf? Ein freundliches *Bitte* oder *Danke* gibt es selten. Die Texte wirken dadurch recht abgehoben. Zusätzlich sind sie ziemlich abstrakt und mit vielen leeren Floskeln gespickt. Und zu allerletzt lässt auch die Struktur zu wünschen übrig. Es gab ganze Seiten ohne einen einzigen Absatz oder einer Zwischenüberschrift.

Das Ergebnis der ersten Projektphase: Diese gemeinsamen Sprachwerte und Wording-Tipps haben Eingang in das AK Publishing Manual gefunden.

Verständlich schreiben

- Kurze Sätze mit maximal 20 Wörtern als Zielwert
- Einfacher Satzbau: Subjekt-Prädikat-Objekt, keine Einschübe, keine Schachtelsätze
- Ein Gedanke – ein Satz
- Zeitwörter statt Hauptwörter auf -ung, -heit, -keit
- Wichtiges für Leserinnen und Leser an den Satzanfang
- Allgemeines vor Besonderem
- Unwichtiges in Klammer am Satzende, z.B. Rechtshinweise

Empathisch schreiben

- Leserinnen und Leser mit Sie ansprechen
- Wir-Stil: nur in Ausnahmen von der Arbeiterkammer in der 3. Person sprechen

- Möglichst wenig passive Formulierungen verwenden
- Keine Imperativ-Konstruktionen, wie z. B. ist zu unterschreiben, ist zurückzusenden
- Gendern: Wir empfehlen Sie-Stil, doppelte Paarform oder neutrale Wörter
- Schreiben, wie wir sprechen, indem wir z. b. Fragesätze oder Einwortsätze verwenden
- Verständnis zeigen für die Situation, in der sich die Leserin bzw. der Leser befindet

Ermutigend schreiben

- Freundliches Auffordern z. B. durch das Wort Bitte statt durch um … zu-Konstruktionen
- Keine leeren Floskeln, wie gemäß, mittels, aufgrund oder hiermit
- Konkret statt abstrakt z. B. durch Beispiele
- Wenig in Fettschrift hervorheben: maximal 3 Wörter
- Texte gut gliedern, z. B. mit Absätzen, Zwischenüberschriften oder Checklisten
- Adjektive nur zum Unterscheiden einsetzen, nicht als Schmuck

Dazu gab es dann noch konkrete Textbeispiele. Damit wird schnell klar, was gemeint ist.

Bisher	Besser	Warum
Bereits bei geringen Veränderungen in der Wohnung durch den Mieter (z.B. Verfliesung) kommt es zu einer Änderung der Nutzfläche der Wohnung und damit zu einer Unrichtigkeit des Verteilungsschlüssels für alle Wohnungen.	Schon kleine Veränderungen in Ihrer Wohnung, wie beispielsweise das Verfliesen von Räumen, verändern die Fläche Ihrer Wohnung. Damit stimmt der Verteilungsschlüssel nicht mehr.	– Sie-Stil verwenden – Besser Zeitwörter statt Hauptwörter – Klammern auflösen – Nicht mehr als 20 Wörter pro Satz
Unratabfuhr: Dies sind die Kosten der Müllabfuhr sowie die Kosten von Entrümpelungen. Bei einer Entrümpelung dürfen jedoch nur die Kosten als Hausbetriebskosten auf alle Mieter des Hauses überwälzt werden, die zur Entrümpelung solcher Sachen notwendig sind, die auf allgemeinen Teilen des Hauses gelagert sind und deren Herkunft nicht mehr feststellbar ist. Sollten also Sachen, die nachweislich von bestimmten Mietern	Müllabfuhr und Entrümpelung: Das regelmäßige Entsorgen des Hausmülls zählt zu den Betriebskosten. Genauso das Entrümpeln von Sachen, die in den allgemeinen Teilen des Hauses lagern. Vorausgesetzt, niemand weiß, von wem die Sachen stammen.	– Nicht mehr als 20 Wörter pro Satz – Schachtelsätze auflösen – Nur das Wichtigste schreiben – Passiv meiden – Einfache Wörter verwenden – Zeitwörter statt Hauptwörter – Schreiben wie wir sprechen – Gendern: neutrale Wörter verwenden

oder dem Hauseigentümer stammen, entrümpelt werden, so dürfen diese Kosten nicht als Betriebskosten verrechnet werden.

Im Falle einer Vereinbarung wird für diese Aufwendungen eine vom Kalenderjahr abweichende Abrechnungsperiode vorzusehen sein, da die Regel – Abrechnungsperiode ist das Kalenderjahr – aus praktischen Gründen nicht vollzogen werden kann. Man stelle sich nur vor, dass Mitarbeiter des Vermieters zu Silvesterabend ausschwärmen, um möglichst exakt zum Jahreswechsel die Messgeräte für jeden einzelnen Mietgegenstand ablesen zu können.	Aus praktischen Gründen weicht die Abrechnungsperiode bei der verbrauchsmäßigen Aufteilung der Betriebskosten meistens vom Kalenderjahr ab. Ein Ablesen der Messgeräte zu Silvester ist kaum zumutbar.	– Schachtelsätze meiden – Keine Sätze über 20 Wörter – Keine Einschübe – Passiv meiden – Sie-Stil statt 3. Person – Gendern: neutrale Wörter verwenden – Möglichst kein um … zu

Menschen mögen Fragen

Ratgeber sind keine Romane. Sie lesen sie nicht von Beginn bis zum Ende, sondern picken sich nur das heraus, was Sie interessiert. Meist haben Sie eine ganz konkrete Frage und wollen eine Antwort darauf. In den alten Informationsbroschüren der Arbeiterkammer begann ein Kapitel vielfach mit Begriffserklärungen und Gesetzeshinweisen. Das ist zwar auch interessant, hilft Ihnen jedoch bei Ihrem Problem meist wenig. Leserinnen und Leser wollen rasch eine Antwort und kein wissenschaftliches Werk.

Bei ihren neuen Ratgebern setzt die Arbeiterkammer daher genau bei den Fragen an, die Menschen zu einem Thema haben. Jedes Kapitel hat eine Einstiegsseite mit einer ganz konkreten Frage und einem Überblick über die Inhalte dazu.

Ein Beispiel: Sie sind Mutter oder Vater und möchten den Steuerausgleich machen. Eine Ihrer Fragen lautet daher: Welche Begünstigungen haben Eltern? Schnell schlagen Sie im Ratgeber diese Kapitelüberschrift auf und finden einen Überblick über die folgenden Kapitelinhalte. Im konkreten Fall sind es 4 Schwerpunkte:

- Entlastungen für Familien mit Kindern
- Entlastung für Alleinverdienende
- Entlastung für Alleinerziehende
- Entlastung für Unterhaltszahlende

Zielsicher wählen Sie dann den für Sie passenden Schwerpunkt aus. Der Vorteil: Sie haben ohne großen Leseaufwand schnell eine Antwort. Haben Sie beispielsweise keine Kinder, erkennen Sie schon beim Lesen des Inhaltsverzeichnisses, welchen Teil Sie sich im Ratgeber sparen können. In den alten Informationsbroschüren der AK waren die Inhaltsverzeichnisse nicht nur seitenlang, sondern auch wenig an die Lebensrealität der Menschen angepasst.

Sie haben ein Problem mit einem Bescheid Ihres Finanzamtes und wollen wissen, was Sie tun können? Hier die dazugehörige Kapitel-Einstiegsseite:

 Generell gilt: Zinsen werden erst ab einem Betrag von über 50 Euro eingefordert oder gutgeschrieben. Unter 50 Euro werden Zinsen nicht verrechnet.

Quelle: Arbeiterkammer Wien (2018e)

Für die Verfasserinnen und Verfasser der Ratgeber-Broschüren ist der FAQ-Stil nicht immer leicht. Sie müssen in Fragen und Antworten denken und schreiben. Das ist von der Dramaturgie her schwieriger, als ein Thema einfach nur von A bis Z abzuhandeln. Auch sind einzelne Themenbereiche redundant, weil sie von mehreren Fragen berührt werden. Das ist gut so, erfordert aber auch mehr Gehirnschmalz und mehr Arbeit.

Für das große Ganze ist das Abhandeln von Ratgeber-Inhalten im FAQ-Stil auf jeden Fall vorteilhaft. Diese Struktur erlaubt, Textbausteine einzelner Kapitel ohne großen Aufwand auch in anderen Medien zu verwenden. Aus einem umfangreichen AK Ratgeber ist so schneller ein kurzer Flyer zusammengestellt oder ein Artikel für das Web umgearbeitet. Auch ein Video ist rascher im Kasten, wenn die wesentlichen Inhalte schon da sind.

Es lebe die Struktur

Reiner Fließtext ermüdet, auch wenn er einfach formuliert ist. Das wissen Sie sicher nur zu gut. Außerdem gibt es viele unterschiedliche Lesegewohnheiten. Manche Menschen lesen gerne quer und brauchen daher grafische Elemente, damit ihnen das Wesentliche gleich ins Auge springt. Andere sind sehr genau und wollen auch den exakten Wortlaut des Gesetzestextes kennen. Sie bevorzugen Rechtshinweise und Originalzitate aus dem Gesetzestext. Es gibt aber auch Menschen, die mit abstrakten Inhalten wenig anfangen können. Sie verstehen Inhalte leichter, wenn sie mit praktischen Beispielen erklärt werden. All das kann ein reiner Fließtext nicht erfüllen.

Was braucht es stattdessen? Einen gut gefüllten Werkzeugkasten, um Inhalte für verschiedene Zielgruppen passend aufzubereiten. Gemeinsam mit Susanne Vorhofer haben wir viele solcher Elemente entwickelt und dann in einer Musterbroschüre ausprobiert.

Starke Titel und Überschriften

Der Titel des Ratgebers soll den Inhalt der Broschüre möglichst mit ein bis zwei Wörtern beschreiben. Diese Wörter müssen nicht unbedingt dem genauen Fachbegriff entsprechen. Zum Beispiel reicht der kurze Begriff *Familienzuwachs* statt des sperrigen Titels *Sozialversicherung und Elternschaft*.

Zusätzlich gibt es jeweils einen Untertitel. Auch er soll möglichst knapp den inhaltlichen Schwerpunkt des Ratgebers treffen. Hier ein paar Beispiele:

Titel	*Untertitel*
Familienzuwachs	Ihre Ansprüche aus der Kranken-, Pensions- und Arbeitslosenversicherung
Nahrungsergänzung	Wundermittel oder Konsumentennepp?
Unseriöse Nebenjobs	Zweifelhafte Angebote schnell durchschaut

Was braucht es noch, damit sich Ihre Leserschaft schnell in einem Text zurechtfindet? Grafisch klar voneinander getrennte Textebenen mit passenden Überschriften. Sie sollen Hauptinformationen und Details gut sichtbar machen. Bei den AK Ratgebern gibt es 3 solcher Textebenen mit Headlines, die vhäufig als Frage formuliert sind. Aber auch hier muss die Überschrift den Inhalt des Kapitels genau umreißen. Die früher gängige Praxis einen Rechtshinweis als Überschrift zu wählen, kommt in den neuen Ratgebern nicht mehr vor. Leserinnen und Leser denken meist nicht in Paragrafen.

Icons als Eyecatcher

Wichtiges kurz und knapp hervorheben, das ist das Ziel der Icons in den neuen Ratgeber-Broschüren der Arbeiterkammer. Sie erleichtern Leserinnen und Lesern den Informationsgewinn.

Das Icon *Achtung* gibt einen Hinweis auf Stolpersteine. *Tipp* steht für eine Empfehlung der Arbeiterkammer und *Konkret* bringt den Inhalt noch einmal auf den Punkt.

Hier ein paar Beispiele:

 Wechseln sich die Eltern mit dem KBG ab, besteht für jeden Elternteil eine eigene individuelle Zuverdienstgrenze.

Quelle: Arbeiterkammer Wien(2018d)

 Banken reden in der Regel lieber über den Sollzinssatz, weil er niedriger ist. Vergleichen Sie in Ihrem eigenen Interesse trotzdem den effektiven Jahreszinssatz.

Quelle: Arbeiterkammer Wien (2017d)

Welche Rechtsmittel stehen Ihnen zur Verfügung?

Beschwerde & Co
Freibeträge oder Absetzbeträge wurden nicht berücksichtigt oder das Finanzamt reagiert nicht fristgerecht? So können Sie vorgehen.

Raten- und Stundungsansuchen
Wenn Sie Ihre Steuer nicht sofort bezahlen können, haben Sie die Möglichkeit, beim Finanzamt um Zahlungserleichterung anzusuchen.

Zinsen
Haben Sie Schulden beim Finanzamt, fallen Zinsen an. Aber auch Ihr Steuergutschrift wird verzinst.

12

IN DIESEM KAPITEL ERFAHREN SIE, WELCHE MÖGLICHKEITEN SIE BEI PROBLEMEN MIT DEM FINANZAMT HABEN.

Quelle: Arbeiterkammer Wien (2018e)

Kästen für den schnellen Boxenstopp

Für Menschen, die es gerne praktisch haben, gibt es unterschiedliche Kästen. Etwa eine Box für wichtige Details oder Ausnahmen, eine für Rechtshinweise oder eine für Rechenbeispiele. Die Theorie wird damit leichter verständlich. Die Kästen sind jeweils mit einem einfachen grafischen Zeichen versehen.

Bei der Wichtig-Box beispielsweise weist ein rotes Rufzeichen auf einen wesentlichen Inhalt hin.

 Lassen Sie sich unbedingt rechtlich beraten, bevor Sie austreten. Denn die Gerichte prüfen sehr streng, ob die Voraussetzungen für einen berechtigten Austritt gegeben sind.

Quelle: Arbeiterkammer Wien(2018a)

Rechtsinformationen finden Sie in Kästen mit einem Paragrafenzeichen.

 **Allgemeines Sozialversicherungsgesetz § 539a**
(1) Für die Beurteilung von Sachverhalten nach diesem Bundesgesetz ist in wirtschaftlicher Betrachtungsweise der wahre wirtschaftliche Gehalt und nicht die äußere Erscheinungsform des Sachverhaltes (z. B. Werkvertrag, Dienstvertrag) maßgebend.

Quelle: Arbeiterkammer Wien (2018c)

Und wenn Sie komplizierte Berechnungen nachprüfen wollen, gibt es Rechenbeispiele in Kästen. Markiert sind sie mit einem Euro-Zeichen. Wenn Angabe- und Berechnungsteil klar voneinander getrennt sind, ist das Erfassen des Rechenganges wie in diesem Beispiel einfacher:

Der selbstständige Lektor Stefan Strich hatte im 3. Quartal 2018 einen Umsatz von 10.835 Euro. Dafür wird eine Umsatzsteuer von 2.167 Euro fällig. Für seine Lektorentätigkeit kaufte er im August einen PC. Der PC kostete 1.800 Euro, inklusive der Umsatzsteuer von 300 Euro. Diese 300 Euro werden ihm bei seiner Umsatzsteuervoranmeldung als Vorsteuer abgezogen. Er muss also nur noch 1.867 Euro Umsatzsteuer für das 3. Quartal bezahlen.

€ 2.167,00 Umsatzsteuer
– €   300,00 Vorsteuer
= € 1.867,00 zu überweisende Umsatzsteuer

Quelle: Arbeiterkammer Wien (2018e)

Lesefreude – das Sahnehäubchen

Wichtig ist Susanne Vorhofer, dass die Lesefreude in den Ratgeber-Broschüren nicht zu kurz kommt: »Wenn ich beim Lesen von Fachtexten auch manchmal schmunzeln kann, macht mir die Lektüre nicht nur mehr Spaß, sondern ich merke mir die Inhalte besser. Das war der Grund, warum ich mit wortwelt® ein paar nette Extras eingeführt habe. Beispielsweise die sprechenden Namen in unseren Beispielen.«

Beim Rechenbeispiel oben ist Ihnen sicher schon der Name *Stefan Strich* aufgefallen. Die Fantasienamen sollen einen Bezug zum Inhalt haben. In einem Praxisbeispiel geht *Dieter Doppel* etwa eine Nebenbeschäftigung ein und hat eine steuerliche Frage. *Ulrich Unaufmerksam* hat vergessen, rechtzeitig ein Kündigungsschreiben wegzuschicken. Und

Ute Unverhofft hat Glück, weil ihr Vertrag gar nicht rechtsgültig war. Das sind nur einige Beispiele für Namen, die Leserinnen und Lesern ein Lächeln ins Gesicht zaubern sollen.

Praxisbeispiele in den Ratgebern beschreiben bestimmte Situationen und erzählen, wie es Menschen dabei ergangen ist. Denn es ist bekannt, dass Inhalte in Geschichtenform viel länger im Gedächtnis bleiben als trockene Erklärungen. Ganz im Sinne des Storytellings gibt es in den Praxisbeispielen auch keine Moral von der Geschichte in Form einer detaillierten Erklärung der Rechtslage. Das bleibt dem Fließtext vorbehalten – vor oder nach der Story. Die Geschichte bleibt so eine lesenswerte Episode eines Menschen in seiner Lebensrealität.

Sie wollen ein paar Kostproben?

> *Nora Nullidee hat die Pflichtschule abgeschlossen. Obwohl sie sich gemeinsam mit ihren Eltern über ihre weitere Laufbahn unterhalten hat, ist sie noch auf keinen grünen Zweig gekommen. Vielleicht ein Job in der Gastronomie? Eigentlich möchte sie eine praktische Ausbildung. Aber Matura wäre auch nicht schlecht. Lehre mit Matura? Oder doch eine berufsbildende höhere Schule? Die Kümmer-Nummer bietet Nora Informationen zu möglichen Ausbildungswegen und Jobperspektiven. Sie denkt nun konkret über eine Ausbildung in der 5-jährigen Tourismusschule nach.*
> Quelle: Arbeiterkammer Wien (2017a)

> *Walter Reisinger will im Internet kurzfristig eine Reise buchen, weil es dort am schnellsten geht. Tatsächlich findet er rasch das richtige Angebot und klickt auf »Reise zahlungspflichtig buchen.« Während er klickt, sieht er einen kleinen Hinweis auf eine Reisestorno-*

versicherung. Daneben ein Kästchen mit einem Häk-chen darin. »Verflixt«, denkt sich Herr Reisinger, »die brauch ich doch gar nicht.«

Quelle: AK Ratgeber Konsumentenrechte (2017)

Der Mieter Herr Unerschrocken wunderte sich über die besonders hohen Entrümpelungskosten in seiner Betriebskosten-Abrechnung. Er wusste zwar, dass Kosten für das Entrümpeln von »herrenlosen« Sachen in allgemeinen Teilen des Hauses zu den Betriebskosten zählen. Dennoch wollte er derart unübliche Preise hinterfragen. Aber wie?

Es gab eine zweite Ecke im Keller, die mit allerlei Gerümpel vollgeräumt war. Und die Vermieterin Frau Versuchsmal hatte schon angekündigt, auch diese Ecke räumen zu wollen. Also machte Herr Unerschrocken ein Foto des Gerümpels und bat damit eine andere Firma um ein Angebot. Er staunte nicht schlecht, als das Angebot nur ein Drittel des ersten Entrümpelungspreises der Firma Weg-mit-dem-Dreck ausmachte.

Überprüfungen ergaben in der Folge, dass Frau Versuchsmal an der Entrümplungsfirma Weg-mit-dem-Dreck beteiligt war. Sie profitiert also direkt von den überhöhten Kosten, die sie an die Mietergemeinschaft weiterverrechnet.

Quelle: Arbeiterkammer Wien (2017b)

Und so sehen die Storys grafisch aufbereitet in Foldern und Broschüren aus – gekennzeichnet mit der Abkürzung »z. B.«:

zB Florian Feinhaar betreibt seit vielen Jahren einen Frisör-laden und bildet Lehrlinge aus. Er bietet sämtliche Dienst-leistungen für Damen, Herren und Kinder an.
Nun möchte er sich auf Bartrasur und Herrenbedienung spezialisieren und ändert dahingehend seinen Geschäfts-betrieb. Die Folge: Er darf nun keine Lehrlinge mehr aus-bilden, weil im Betrieb nicht mehr alle Ausbildungsinhalte vermittelt werden können.

zB Elias Ehbraver ist mitten im 2. Lehrjahr. Er lernt Koch im Restaurant Hunger. Der Betrieb geht schlecht, Otto Ohne-plan, sein Lehrberechtigter und Chef, zahlt seit 2 Monaten keine Lehrlingsentschädigung.

Elias erkundigt sich bei der AK und fordert Herrn Ohneplan schriftlich auf, die Lehrlingsentschädigung zu bezahlen – mit Fristsetzung von 14 Tagen. Er droht mit einem vorzeitigen Austritt, wenn er das Geld nicht bis zum 31. des Monats auf seinem Konto hat.
Otto Ohneplan zahlt nicht, woraufhin Elias schriftlich seinen vorzeitigen Austritt erklärt. Da er noch minderjährig ist, mit der Unterschrift seiner Eltern. Elias hat Glück. Er findet nach 5 Wochen wieder eine neue Lehrstelle als Koch, wo er seine Lehrzeit beenden kann.

Quelle: Arbeiterkammer Wien (2018b)

Das Auge will springen

Wie können Sie Fachtexte noch übersichtlicher und damit leichter lesbar machen? Durch ausreichend viele Absätze. Widmen Sie jedem neuen Thema einen eigenen Absatz. Ab-sätze sollten nur ein paar Zeilen lang sein. Das ist nicht nur wohltuend für Ihre Augen, sondern auch für Ihre Auffas-sungsgabe. Übrigens: Ein Absatz bereits nach einer Zeile ist heute durchaus üblich – wenn es der Inhalt verlangt.

Auch Aufzählungen tun der Verständlichkeit immer einen guten Dienst. In den Ratgeber-Broschüren der Arbeiterkammer gibt es 2 Arten davon: Nummerierte Aufzählungszeichen, wenn Informationen eine Folge darstellen. Und Aufzählungszeichen ohne Ziffern für Informationen, die unabhängig voneinander sind.

Die markanten Quadrate in den Ratgeber-Broschüren sind ein Blickfang – zusätzlich machen sie Informationen leichter erfassbar.

 Verkehrsunternehmen sind grundsätzlich verpflichtet, Fahrgäste über Störungen, Verspätungen und Zugausfälle sowie über die voraussichtlichen Auswirkungen zu informieren.

Quelle: Arbeiterkammer Wien (2018f)

Und wenn es um viele Zahlen und Daten geht, sind Tabellen sehr praktisch. Sie machen dichte Informationen übersichtlich.

Alles, was Recht ist

Wissen Sie, was »*Buta Ember*« bedeutet? Dummer Mensch. Nein – wir meinen nicht Sie, verehrte Leserinnen und Leser. Wir beziehen uns auf einen Erlass, den Maria Theresia im Zusammenhang mit Texten aus dem Verwaltungsbereich herausgegeben haben soll. Buta Ember kommt aus dem Ungarischen und meint einen durchschnittlich intelligenten Menschen mit einfacher Bildung ohne Rechts- und Verwaltungskenntnisse. Er sollte behördliche Anordnungen auf ihre Verständlichkeit prüfen. Wenn er den Text frei richtig wiedergeben konnte, war der Text in Ordnung. Konnte er das nicht, musste der Rechtstext nochmals überarbeitet werden. Eine nette Geschichte. Schön, wenn es solche Erlässe heute gäbe.

Die Arbeiterkammer setzt zwar keinen Buta Ember ein. Trotzdem versucht sie, Rechtsinformationen so verständlich wie möglich zu formulieren. Damit hält sie sich an die Denksport-Entscheidung des Verfassungsgerichtshofes aus dem Jahr 1990: Ein Rechtstext ist nicht verständlich, wenn er »*nur mit subtiler Sachkenntnis, außerordentlichen methodischen Fähigkeiten und einer gewissen Lust zum Lösen von Denksportaufgaben überhaupt verstanden werden kann.*"

Quelle: Verfassungsgerichtshof (2012): VfSlg 12.420/1990

Sie wollen wissen, wie die Arbeiterkammer genau vorgeht? Beispielsweise »übersetzt« sie Fachwörter konsequent in Alltagssprache.

Alt	Neu
Die Posten, die in Betriebskostenabrechnungen enthalten sein dürfen, sind in § 21 MRG taxativ aufgezählt.	Das Mietrechtsgesetz (MRG) zählt die zulässigen Positionen von Betriebskosten-Abrechnungen vollständig auf (§ 21 MRG).

Auch kommen in den Ratgeber-Broschüren allgemeine Informationen strikt vor Details. Das erleichtert den Lesefluss.

Alt	Neu
Eine spätere Veränderung des Quorums – z.B. aufgrund nachträglichen Hinzukommens weiterer Mieter – berührt die Gültigkeit einer einmal wirksam zustande gekommenen Aufteilungsvereinbarung nicht. Beim Mieterwechsel bindet die Vereinbarung auch den Nachmieter.	Ist diese Vereinbarung gültig zustande gekommen, müssen sich auch später alle daran halten. Veränderungen wie zum Beispiel das Hinzukommen neuer Mietparteien, ein Mieterwechsel oder eine neue Vermieterin bzw. ein neuer Vermieter beeinflussen die Vereinbarung nicht.

Die Arbeiterkammer spricht ihre Leserinnen und Leser, wo es passt, direkt mit Fragen an. Das ist nicht nur persönlicher, sondern auch viel verständlicher.

Alt	*Neu*
Im Bereich des Wohnungsgemeinnützigkeitsgesetzes (WGG) kann eine vermietende Gemeinnützige Bauvereinigung zur Verteilung der Kosten ebenfalls den Nutzflächenschlüssel wählen oder von sich aus die Verteilung der Kosten nach dem »Nutzwertschlüssel« festlegen.	Ist Ihre Vermieterin eine gemeinnützige Bauvereinigung? Dann kann sie die Betriebskostenanteile statt nach dem Nutzflächenschlüssel nach dem Nutzwertschlüssel berechnen.

Sätze ohne unnötigen Ballast und mit möglichst wenigen Hauptwörtern sind wohltuend.

Alt	*Neu*
Hinsichtlich der gesetzlichen Regelungen über die Überwälzbarkeit der Aufwendungen für die Hausbetreuung im Rahmen der Betriebskosten wird danach unterschieden, wer die Haubetreuung verrichtet.	Welche Hausbetreuungskosten zu den Betriebskosten zählen, hängt von den eingesetzten Personen ab.

Rechtshinweise sind wichtig, jedoch weniger als der Inhalt. Daher gehören sie ans Ende eines Satzes oder Kapitels.

Alt	Neu
Gemäß § 37 Abs. 1 Zi 12 MRG können ein, mehrere oder alle Mieter die Überprüfung der Betriebskostenabrechnung beantragen.	Sie haben Bedenken, ob die Betriebskosten-Abrechnung stimmt? Dann können Sie alleine, mit mehreren oder mit allen Mietparteien eine Überprüfung beantragen. Die Rechtsgrundlage ist das Mietrechtsgesetz (MRG): § 37 Abs. 1 Ziffer 12.

Und natürlich ist Gendern gerade in rechtlichen Zusammenhängen unbedingt notwendig. Es sind im obigen Beispiel ja sicher nicht nur männliche Mieter gemeint.

Schritt für Schritt zur Perfektion

Der erste Schritt im Corporate Publishing Projekt der Arbeiterkammer war das gemeinsame Entwickeln von Schreibwerten. Der zweite Schritt das Entwickeln von Leseebenen, Icons und Co. Und der dritte das Erarbeiten einer prototypischen Ratgeber-Broschüre, im Konkreten eine Musterbroschüre über Betriebskosten. Sie kennen schon zahlreiche Beispiele daraus.

Dieser dritte Schritt war die Nagelprobe: Sind die neuen Corporate Publishing-Elemente praxistauglich? Was sagen die internen Expertinnen und Experten dazu? Sie sind ja für die fachliche Richtigkeit der Inhalte verantwortlich. Und wie schaffen wir die ungeheure Menge von rund 100 Ratgeber-Broschüren durchgängig im neuen Gewand?

Viel haben wir diskutiert und vieles feingeschliffen und

perfektioniert. Aber dann war es so weit: Die erste Ratgeber-Broschüre war fertig.

Alles Wissenswerte haben wir dann in Corporate Publishing-Handbuch festgeschrieben – vom Layout bis zu den Schreibstandards.

Was war der nächste Schritt? Das Einrichten eines geeigneten Texter-Pools. Susanne Vorhofer erinnert sich: »Texterinnen und Texter sollten sich an die Vorgaben im Corporate Publishing Manual halten und auch Rechtsinhalte und sehr komplexe Texte mit Leichtigkeit angehen. Das ist bei diesem Projekt die größte Herausforderung. Zuerst müssen wir die vorhandenen Texte ja lesen, verstehen und eine neue Struktur im FAQ-Stil mit den entsprechenden Kapitel-Intros vorschlagen. Das Texten selbst ist nicht einfach, geht aber viel leichter von der Hand, wenn einmal die Struktur steht.«

Was war noch wichtig? Der Texter-Pool muss auch mit vielen Korrekturschleifen zurechtkommen. Und natürlich mussten die Texterinnen und Texter das Schreiben aus dem Effeff beherrschen. In einem Intensivtraining haben wir diese engagierte Gruppe auf ihre Arbeit vorbereitet.

In nur 2 Jahren waren rund 60 Broschüren und Folder im neuen Stil fertig. Wie konnte die Skepsis der Expertinnen und Experten überwunden werden? Gelungen ist das durch mehrere Faktoren. Einerseits die jahrelange Verlags- und Projekterfahrung von Susanne Vorhofer. Ihre Fachkompetenz und der klare Prozessablauf vermittelten die nötige Sicherheit. Weiters gab es kein »Wir Text- und Verlagsmenschen gegen euch Fachleute«, sondern ein »Ihr mit uns gemeinsam«. Das forderte zwar Kompromisse von beiden Seiten, schaffte aber tragfähige Lösungen.

Ganz wesentlich war auch das schrittweise Vorgehen. Erstgespräche vor jedem Broschüren-Start. Oft standen Aktualisierungen der Inhalte an, die gleich mitbedacht werden konnten. Dann haben alle Beteiligten gemeinsam die neue Struktur der Kapitel erarbeitet – mit mehreren

Korrekturschleifen und Gegenchecks durch die Expertinnen und Experten. Spätestens dann waren die meisten an Bord und manchmal entwickelte sich sogar eine begeisterte Zusammenarbeit.

Susanne Vorhofer weiß: »Easy Reading is hard writing." So gesehen ist dieses Projekt nach wie vor eine große Herausforderung. Die ersten positiven Reaktionen machen Freude und Mut:

Jas M., Facebook, zu AK Ratgeber Stipendien für Berufstätige: »*Danke AK für die tolle Zusammenfassung.*«

Regina K., Leserin, zu AK Ratgeber Frauen und Pensionskonto: »*Der Folder ist super. Das erste Mal, dass ich mich bei dem Thema auskenne – gleich beim Querlesen.*

IV

Von Floskeln zum Fingerabdruck

12. Angebote, die Appetit machen

»Wir gewinnen heute mehr Angebote und erhalten viel weniger Rückfragen. Und wir wissen: Es scheitert nie am Angebot selbst, wenn wir den Auftrag nicht bekommen. Denn die zweite Runde schaffen wir immer auf Anhieb«, sagt Andreas Kabela, Geschäftsführer der Catering-Spezialistin SV Österreich.

Solche Sätze lassen wir uns gerne auf der Zunge zergehen. Warum? Sie servieren uns auf dem Silbertablett, wofür wir Sprachprofis eher Worte statt Fakten zur Verfügung haben: Gutes Wording zahlt sich aus. Denn ansprechend sind die seit 2016 in neuer Textfrische erstellten SV-Angebote primär nicht wegen des Preises.

Worte als Geschmacksträger: Andreas Kabela hat schon früh erkannt: In der Genussbranche kann es nicht schaden, wenn schon der erste Wortbissen schmeckt. Aus vertrieblicher Sicht ist gutes Angebots-Wording für ihn deshalb so wichtig, weil in der Anfangsphase alles schriftlich abläuft. Zum Gespräch kommt es erst, wenn »das ganze schriftliche Brimborium ohne Geschmacksverluste abläuft«. Entlocken Abschlusssätze wie »Wir freuen uns, für Sie bald den Kochlöffel zu schwingen« dem Gegenüber ein Schmunzeln, ist der erste Schritt getan. Es ist wie beim persönlichen Gespräch: erst gute Stimmung machen, dann zur Sache kommen.

Andreas Kabela hat aber noch etwas erkannt: »Wording ist ein Weg, um sich vom Mitbewerb zu differenzieren. Die Angebote in der Branche sind alle sehr ähnlich, auch die Bilder sind austauschbar.« Er erinnert sich noch gut an seine Anfänge bei SV Österreich, als er viel zu blumige Aussagen in Schachtelsätze gepackt 2- bis 3-mal lesen musste. Er empfand sie schon als Branchenkenner als barock, wie mussten sie dann erst auf Angebotslaien wirken? In der Gemeinschaftsgastronomie erfolgen Ausschreibungen ja nicht alle Tage. Ein Angebot ohne die üblichen Branchenfloskeln könne da schon positiv herausschmecken: »Heute ist unser Wording nicht mehr weit weg von der Face-to-Face-Kommunikation – das ist früher etwas mehr auseinandergeklafft.«

In aller Würze: Der 3. Grund, warum der Geschäftsführer von SV Österreich mit der wortwelt® externe Experten beauftragte: Die Angebote mussten abspecken. Gerade bei größeren Projekten könne es zum Wettbewerbsvorteil werden, wenn auf 10 statt auf 50 Seiten alles Wissenswerte zu finden sei. »In aller Würze«, wie der Titel für die Zusammenfassung im Angebot lautet. Kabela: »Sprache ist Dienstleistung am Kunden. Mit prägnanten Angeboten kommen wir nicht nur Externen entgegen. Auch unsere Mitarbeiterinnen und

Mitarbeiter sind nicht böse, wenn sie auf einen Blick alles Wichtige erfassen können.«

Kopfkino – Metaphern richtig einsetzen

Haben die Bilder aus der Genusswelt Ihren Geschmack getroffen? Oder sind sie Ihnen gar sauer aufgestoßen? Zugegeben: Wir haben eben bewusst etwas übertrieben, denn wir wollten Ihnen die Welt der Methapern näherbringen. Hier ein paar Tipps dazu:

1. Auch Angeboten schmecken Emotionen

Eine gut gewählte Metapher weckt Assoziationen – Genussmetaphern freilich meist positive. Wer also meint, dass Angebote immer trocken und betont sachlich daherkommen müssen, irrt. Gerade im Bereich der Zahlen, Daten und Fakten erwarten wir solche Sprachbilder nicht, sie erzielen daher erst recht Wirkung und Aufmerksamkeit. Metaphern transportieren aber nicht nur Gefühle, sondern machen Inhalte auch einprägsamer.

Das Wort Metapher kommt aus dem Griechischen und heißt so viel wie »woanders hintragen«. Sie verbildlichen etwas, indem Sie ein bekanntes Bild auf etwas Neues übertragen. Wenn Sie statt dem Abschlusssatz »Wir freuen uns, für Sie bald den Kochlöffel zu schwingen« schreiben: »Wir freuen uns auf eine gute Geschäftsbeziehung« wecken Sie vermutlich keine Emotionen, die Lust auf mehr machen.

2. Übertreiben Sie mit bildhafter Sprache nicht

Angebote sind und bleiben Business-Texte – das sprichwört-liche Sahnehäubchen kann also rasch einmal zu viel sein. Im Idealfall sollte es der Leserin oder dem Leser gar nicht auf-fallen, dass Emotionen bewusst angesprochen wurden.

Finden sich im Angebot zu viele Bilder, kann es auch kontraproduktiv sein. Zu blumige Sprache lässt rasch ein-mal Professionalität vermissen. Setzen Sie Methapern also immer sparsam ein und nur dort, wo sie auch wirklich pas-sen. Wenn Sie sich selbst nicht sicher sind, lassen Sie Sprach-bilder lieber weg.

3. Vermischen Sie Sprachwelten nicht miteinander

Achten Sie bei Metaphern darauf, dass Sie in einer Sprach-welt bleiben. Wer hier zu viel miteinander vermischt, läuft Gefahr, lächerlich zu wirken. Stünde nach dem schönen Ab-schlusssatz »Wir freuen uns, für Sie bald den Kochlöffel zu schwingen« »Der Rolls Royce unter den heimischen Cate-ring-Unternehmen«, käme das wahrscheinlich weniger gut. Rolls Royce- oder Ferrari-Analogien für das Premium-Seg-ment sind schon so abgedroschen, dass wir ohnehin davon abraten. Machen Sie sich den Spaß und googeln Sie hier ein-mal. Mittlerweile muss der Rolls Royce als Metapher auch schon für Dienstleistungen, Skigebiete oder sogar Mobili-tätshilfen herhalten.

Die Zutaten eines gelungenen Projektes

Kehren wir zum Angebots-Wording von SV Österreich zu-rück. Wie so oft starteten wir mit einer Analysephase der bestehenden Texte, bevor wir im ersten Workshop den Auf-bau und die Tonalität der Angebote neu definierten. Neben den unverständlichen »barocken« Formulierungen fiel uns dabei auf, dass die Angebote einen Mix aus Werbesprache und trockenen Offert-Floskeln enthielten. Ein typisches Phänomen, wenn die Texte im Laufe der Jahre von unterschiedlichen Personen ergänzt werden. So entsteht ein Stückwerk, das erst einmal nach Einheitlichkeit schreit.

Kundennutzen nach vorne

Attraktive Angebote sind einfach und verständlich, kurz und übersichtlich und im Idealfall auch markant. Das heißt, sie passen zur Marke, sind aber keine Marketingtexte. Typische Werbesprache hat in Angeboten nichts verloren. Die Kundenbrille hingegen sehr wohl.

Bei den Analysetexten fanden wir im Vorwort zu einer Ausschreibung folgende Passagen, die den eben beschriebenen Mix aus Werbesprache und Angebotsfloskel gut widerspiegeln.

Altes Angebot	Analyse
Es freut uns, dass wir von Ihnen eingeladen wurden, uns an der Ausschreibung XX zu beteiligen.	Angebotsfloskel
Wir möchten Sie nicht mit zu viel Information belasten und erlauben uns daher die Vorstellung von SV Österreich auf wenige Absätze wie folgt zu beschränken. Gerne stehen wir für Detailauskünfte jederzeit zur Verfügung.	Hinweise auf Kürze, aber redundantes Wording mit Weichmachern und Blähstil: – Möchten – Erlauben uns – Wie folgt – Jederzeit zur Verfügung stehen

Seit 1914 bietet die SV Group Top-Qualität in allen Bereichen. Wir erbringen seit Jahrzehnten Dienstleistungen von höchster Qualität – wir setzen hohe Maßstäbe an unsere Partner, unsere MitarbeiterInnen, unsere Produkte und unsere Handlungen. Immer das Beste für unsere Kunden, für die Umwelt und für die Menschen in unserem Umfeld zu erreichen, ist unser Ziel. Motivierte und ausgesprochen freundliche Mitarbeiter sind der Ausdruck dieser Philosophie. Wir entwickeln uns kontinuierlich weiter, bleiben nicht stehen und haben die Zukunft fest im Blick. Gleichzeitig schauen wir stolz auf unsere lange Tradition zurück.

Zu werbliche Ausdrücke wie:
- Top-Qualität
- Höchste Qualität
- Immer das Beste für unsere Kunden

Zu wenig Struktur:
- Keine Absätze
- Keine Aufzählungen
- Der rote Faden fehlt

Was fehlt hier noch völlig? Der Kunde mit seinen Wünschen, Bedenken und Erwartungen. Auch bei Angeboten empfehlen wir, nach dem ICE-Modell zuerst die Kundenbrille aufzusetzen. Also die Interessen, die Bedenken und schließlich die Erwartungen der Leserseite abzuholen. Mehr zum ICE-Modell finden Sie im Kapitel »Interne Kommunikation«.

In den neuen Angeboten findet sich bei jedem Kapitelanfang ein klar formulierter Kundennutzen, der Bedenken ausräumt. Hier ein paar Beispiele:

Supply Chain Management: Sie wollen wissen, woher das Essen kommt? Wir auch. Deshalb vertrauen wir auf Lieferanten mit Genussgarantie und trennen die Spreu vom Weizen. Und durch unser hohes Einkaufsvolumen erzielen wir attraktive Preise für Sie.

Hygiene und Sauberkeit: Gaumenfreuden kommen ohne striktes Hygienemanagement nicht aus. Damit Sie und Ihre Mitarbeiterinnen und Mitarbeiter unsere Köstlichkeiten ohne Reue genießen können, sorgen wir penibel für Hygiene und Arbeitssicherheit.

Bargeldlose Verrechnung: Unser Kassensystem macht es möglich: Durch bargeldlose Verrechnungsmodelle kommen die Gäste schneller in den Genuss der wohlverdienten Pause. Jede Konsumation geht in das Abrechnungssystem ein. Für den Gast gibt es die Originalrechnung, für uns eine Kopie.

Rund um die Uhr-Service: Wie verwöhnen Sie Ihr Team im Schichtbetrieb oder eine stark schwankende Anzahl an Essensteilnehmern? Auch dafür haben wir ein Rezept. Wir raten Ihnen zur Vorbestellung. Das dämmt Überproduktion ein und senkt Ihre Kosten.

Ernährungsmanagement: Was zeichnet uns noch als Partner mit dem gewissen Service-Extra aus? Es sind unsere Expertinnen und Experten, die Ihnen und Ihrem Team mit Rat und Tat zur Seite stehen. Wir nehmen ausgewogene Ernährung und betriebliche Gesundheitsförderung ernst.

Sprache, die von Herzen kommt

In einem 4-stündigen Workshop legten wir uns gemeinsam auf Standards fest, die die Angebote zur Visitenkarte für SV Österreich machen sollten. Dabei gingen wir wie immer von den Markenwerten unseres Auftraggebers aus. Die sprachliche Basis war für die 4 Werte *herzlich, verantwortlich, initiativ und kompetent* rasch gefunden:

Herzlich

- Wir-Stil statt SV in der dritten Person
- Leserinnen und Leser direkt mit Sie ansprechen
- Floskeln durch sympathische Wörter ersetzen

Verantwortlich

- Nur das schreiben, was den Kunden interessiert
- Einfacher Satzbau, alle ansprechen

Initiativ

- Dynamischer Stil: kurz und engagiert
- Fragesätze und Einwortsätze zum Auflockern
- Bildhafte Sprache und Schlüsselwörter

Kompetent

- Klare innere und äußere Struktur: Wichtiges zuerst
- Kompliziertes einfach formulieren: konkret statt abstrakt

Herzhaft markant

Als sprachliche Draufgabe haben wir als Heldenwert, der über allen anderen steht, den Wert *herzlich* definiert. In der

Tabelle sehen Sie links, wie der Wert als Verhaltenskompass gelebt wird. Rechts ein paar Beispiele, wie er auch sprachlich mit Leben erfüllt wird.

Wie der Wert im Alltag gelebt wird	*Wie der Wert sprachlich umgesetzt wird*
Ich kenne meine Gäste/Kunden mit Namen, begrüße und verabschiede sie freundlich sowie mit einem Lächeln.	Humor durchaus erlaubt, freundlicher Einstieg und Ausstieg
Ich erkenne die Bedürfnisse unserer Gäste/Kunden und gehe auf sie ein.	Nutzen für Gäste/Kunden im Vordergrund
Ich bin aufmerksam, hilfsbereit und gerne ein Dienstleister.	Fragen stellen, nicht zu lange Sätze (optimal 12–15 Wörter)
Ich bin ein Teamplayer und trete mit einer positiven Ausstrahlung auf.	Genuss in Sprachbilder packen
Ich respektiere meine Arbeitskollegen, meine Gäste/Kunden und Lieferanten/Partner.	Wir-Stil statt SV in der 3. Person Leserinnen und Leser direkt mit Sie ansprechen, auf Augenhöhe schreiben
Ich habe Spaß und Freude an der Arbeit.	Ich verwende textfrische Grußformeln wie z. B.: Kulinarische Grüße Genussvolle Grüße Gschmackige Grüße Guten Appetit

Zeit und Begleitung

Wie bei allen Sprachprojekten braucht es Zeit, Motivation und Unterstützung, damit alle Schreiberinnen und Schreiber den neuen Sprachstil annehmen. Die wichtigste Voraussetzung dafür ist das Commitment von der Geschäftsleitung, die uns für dieses Projekt auch mit einem Coaching für die Texterinnen und Texter beauftragt hat.

Das Ziel war dabei ganz klar, so Kabela: »Die Botschaft muss beim ersten Durchlesen ankommen.« Die Außensicht kann hier freilich hilfreich sein. Wie haben eine Reihe von Mitarbeiterinnen und Mitarbeiter dabei unterstützt, nicht nur verständlich, sondern auch »von Herzen« zu formulieren. Das Schöne dabei: Die Texterinnen und Texter haben es nicht nur als Unterstützung gesehen, sondern sie hatten auch Spaß daran.

Und eines sei an dieser Stelle auch einmal erwähnt: Der Lesefreude geht meistens die Schreibfreude voraus.

13. Abwesenheitsnotizen, die aufhorchen lassen

Bevor wir Ihnen in diesem Kapitel Beispiele aus unserer Kundenwelt zeigen, machen wir ausnahmsweise Werbung in eigener Sache. Und zwar mit dieser Abwesenheitsnotiz, die wir Ihnen gleich zum Einstieg zumuten:

Wer nicht erhohlt ist, macht Fehlr.
Deswgen bin ich jetzt im Urlaub.
Ab 2. Novembär bin ich wiedr da.
In neur Frische!
In dirngenden Fälllen wendne Sie sich bitte an XX oder an Ihren Arzt oder Apothekr.

Hier drängt sich die Frage freilich auf: Eine Wording-Agentur, die Fehler beim Schreiben macht – passt denn das zusammen?

Die Reaktionen, die wir auf diesen Abwesenheitsassistenten erhalten haben, zeigen uns klar: Mut hat auch beim Schreiben Platz – und eine Prise Humor erst recht. Wir sind schließlich eine Kreativagentur, die sich Textfrische auf die Fahnen heftet. Und unsere Kundinnen und Kunden danken uns solche Wortspielereien, wenn sie zur richtigen Zeit am richtigen Ort auftauchen. Was wir damit sagen wollen: Abwesenheitsnotizen eignen sich besonders gut, die Marke auch in der Sprache spürbar zu machen. Hier darfs sogar ein bisschen mehr sein. Schließlich trudeln Out-of-office-Meldungen ja oft aus dem Urlaub ein, wo es bekanntermaßen entspannter zugeht.

Die vergebene Chance

Die Realität sieht allerdings anders aus. Selbst renommierte Großunternehmen versenden floskel- und fehlerhafte Abwesenheitsnotizen, die alles andere als Visitenkarten für das Unternehmen sind. Zugleich werden Werbeetats in Millionenhöhe ausgegeben. Diese Diskrepanz ist es, die wir nicht oft genug zur Sprache bringen können.

Darum wollten wir uns das Thema näher anschauen und machten 2016 eine Studie dazu. Dabei analysierten wir 187 Abwesenheitsassistenten von 150 Unternehmen in Österreich. Allesamt waren in den Monaten davor in unserer wortwelt®-Mailbox gelandet. Automatische Antworten von ein und derselben Firma berücksichtigten wir nur dann, wenn sie unterschiedlich ausfielen. Das war bei immerhin 18 Firmen der Fall. Hier lag der Schluss nahe, dass es keine verpflichtende Firmenvorlage gab, denn die Beispiele waren fehlerhaft und alles andere als passend zum Unternehmen. Abwesenheitsnotizen werden also eher als Privatsache denn als Chance gesehen, nach außen ein einheitliches Bild abzugeben.

Floskeln statt Freundlichkeit

Fazit der Studie: Die überwiegende Mehrheit der Abwesenheitsnotizen strotzte nur so vor Floskeln und Fehlern. Die häufigsten Floskeln haben wir für Sie in dieser Musterantwort zusammengefasst. Sie zeigt, wie Sie garantiert kein Markenerlebnis aufkommen lassen:

Werter Absender,
vielen Dank für Ihre Nachricht. Ihr E-Mail erreicht mich während meiner Abwesenheit. Ihre Nachricht wird nicht automatisch weitergeleitet. Für dringende Anfragen steht Ihnen meine Kollegin Martha.muster@mustermann.at zur Verfügung. Eine telefonische Erreichbarkeit über Handy für besonders dringende Fälle ist gewährleistet. Ab dem xx.xx bin ich wieder regulär erreichbar. Ihre Emails werden baldestmöglich beantwortet!

Mit freundlichen Grüßen

Andere Beispiele waren zwar nicht floskelhaft, ließen aber Serviceorientierung vermissen. Flapsige Sätze wie »Hallo, ich bin zurzeit nicht im Büro. Mails bleiben bis Donnerstag unbeantwortet!« waren keine Seltenheit. 27 Prozent gaben keine Vertretung an. 9 Prozent sagten nicht, wann sie wieder erreichbar waren. Und mehr als die Hälfte legten keinen Wert auf gendergerechte Sprache – etwa mit der Anrede »Sehr geehrter Sender«.

58 Prozent bedankten sich übrigens nicht für das Eingangsmail. Braucht es überhaupt ein Dankeschön? Wir meinen, eine persönliche Note wiegt hier mehr als das auch schon wieder floskelhafte »Vielen Dank für Ihre Nachricht«. Auch die Anrede kann entfallen, ein Abschiedsgruß sollte aber immer erfolgen.

Wenn Firmen Flagge zeigen

Wirklich anders und erfrischend markentypisch waren insgesamt nur 6 Abwesenheitsnotizen, 2 davon von ein- und derselben Firma. Das sind gerade einmal 3 Prozent – hier wird also gewaltiges Markenpotenzial verschenkt. Zumal Firmen mit diesen kurzen Texten authentisch Flagge zeigen könnten. Hier 3 positive Ausreißer aus der Studie:

Austrian Airlines	Servus and welcome to my personal mailbox! Best regards, xx who flew to Barcelona with a smile
Sonnentor	Schön, dass Sie sich melden. Heut' geht die Sonne für Sie auf, auch wenn Sie mich erst am xx.xx.xxxx wieder erreichen. Gerne ist bis dahin mein Kollege xx für Sie da. Das *Sonnentor* ist für Sie auch im Internet unter www.sonnentor.com geöffnet. Sonnige Grüße
Happy&Ness	Und diese wunderbare, mir selbst geschenkte Zeit nutze ich jetzt intensiv für Entspannung, aber auch fürs Umdenken, Querdenken und Nachdenken. Meine E-mails checke ich deswegen von mäßig bis unregelmäßig, sicher aber nicht übermäßig.

Tonalität in Texte gießen

Aber wie kommt man zu etwas anderen und doch authentischen Abwesenheitsnotizen? Bei unserem Kunden Octapharma, weltweit führender Produzent von Humanproteinen, haben wir eine Markensprache entlang der 3 Markendimensionen *vielseitig, vertraut* und *verlässlich* entwickelt. Eine besondere Rolle spielte dabei auch der Kern der Arbeitgebermarke, die Octafamily. Denn Octapharma ist nicht nur

eines der wenigen Familienunternehmen unter den Pharma-
konzernen, sondern hat auch eine besonders familiäre Kul-
tur. Da sich bei Abwesenheitsnotizen spezifische Tonalität
besonders anbietet, haben wir hier die Dimensionen sogar
wortwörtlich ins Spiel gebracht. Hier ein paar Beispiele:

Variante 1 (intern)

*Ich bin vielseitig unterwegs – drum auch nicht immer
im Büro. Aber XXX ist mit meinen Aufgaben vertraut
und hilft dir bis 2. Jänner gerne weiter: XXX. Und
wenn's mal ganz wichtig ist, rufe ich dich verlässlich
zurück: XXX.*
Lieben Gruß an die Octafamily

Variante 2 (extern)

*Danke für Ihr E-Mail, liebe Absenderin, lieber
Absender.*
*Auch wenn ich auf Urlaub/auf Dienstreise bin, sind
andere gerne für Sie da. Sie haben Fragen? Dann hilft
Ihnen bis 2. Jänner XXX verlässlich weiter. Es ist sehr
dringend und Sie müssen mich persönlich sprechen?
Dann erreichen Sie mich unter: XXX.*
Herzliche Grüße aus der Octafamily

Variante 3 (extern)

*Ich arbeite sehr gerne, aber bis 2. Jänner genieße ich
mein Leben abseits der Arbeit. XXX ist mit meinen
Aufgaben vertraut und hilft Ihnen gerne weiter: XXX.*
Herzliche Grüße aus der Octafamily

Variante 4 (intern)
  Mein Posteingang freut sich über deine Nachricht – ich
  mich gerade über freie Tage. Am 2. Jänner beantworte
  ich meine Mails wieder. Bis dahin hilft dir XXX ver-
  lässlich weiter: XXX.
  Lieben Gruß an die Octafamily

Warum 4 verschiedene Varianten? Tanja Miesbauer, damalige Projektleiterin und Communication Specialist bei Octapharma: »Wir haben anfangs auch Widerstand erlebt, denn
Abwesenheitsnotizen werden als etwas sehr Persönliches
gesehen. Wenn es mehrere Varianten gibt, haben die Menschen das Gefühl, mitreden zu können.« Wichtig war ihr
auch, nicht nur ganz freche Vorlagen zu haben: »Wir bekamen bei unserem Wording-Projekt oft zu hören, dass wir als
Pharmakonzern in erster Linie seriös wirken müssen. Die
Kunst ist, seriös zu bleiben, aber doch kurz und knackig zu
formulieren.«

Mit wenigen Sätzen Lesefreude schaffen
Positive Reaktionen erhielt Tanja Miesbauer sowohl interne
als auch externe. Besonders gefreut hat sie sich über dieses
Mail einer Kollegin:

  »Hallo Tanja,
  Das war gestern eine Spitzen-Idee mit dem Abwesen-
  heitsassistenten. Leider habe ich mir die Beispiele nicht
  ganz gemerkt, und da ich die nächste Woche auf Urlaub
  bin, möchte ich meinen Abwesenheitsassistenten gerne
  updaten, um ein Teil der octaFAMILY zu werden.
  Kannst du mir da bitte eine Vorlage senden?
  Vielen Dank und hab noch einen schönen Tag!
  Lg,
  T.«

Unternehmenssprache als Mittel der Mitarbeitermotivation? »Es macht einfach Freude, in Texten zu spüren, wofür wir stehen. Endlich hatten wir Abwesenheitsnotizen, die Spaß machen«, so Tanja Miesbauer.

Von einem Lieferanten kam sogar diese Antwort auf ihre Abwesenheitsnotiz:

»Hi Tanja!
Coole Out-of-Office-Nachricht …
Darf ich die kopieren?
Liebe Grüße
B.«

Das Spiel mit dem Markennamen

Sie können auch mit dem eigenen Markennamen spielen, um ihre Identität in der Abwesenheitsnotiz positiv zu unterstreichen. In einem Projekt mit der AK Salzburg sah das beispielsweise so aus:

Variante 1

Ich bin AKtuell nicht im Büro, aber mein Posteingang freut sich über Ihre Nachricht. Am xx.xx.xxxx beantworte ich meine Mails wieder. Bis dahin hilft Ihnen XXX gerne weiter: T XXX.

Variante 2

Ich bin AKtiv unterwegs – deshalb nicht immer im Büro. Aber auch XXX ist mit meinen Aufgaben vertraut und bis 2. April gerne für Sie da: XXX.

Und vom Unternehmen Great Place to Work, über das Sie mehr im Kapitel »Geschichten, die an der Lesestange halten« über Storytelling lesen können, flatterte diese schöne Abwesenheitsnotiz in unsere Mailbox:

Sehr geehrte Damen und Herren,
auch ein Great Place to Work® muss mal verlassen werden, zum Beispiel für Urlaub, Weiterbildung oder Kundenbesuche. Ab Mittwoch, xx.xx.xxxx, kann ich mich wieder voll und ganz um Ihre Unternehmenskultur kümmern!
In dringenden Fällen vertrauen Sie in der Zwischenzeit auf meine Kollegin XXX unter: XXXXXX

Vielleicht geht es Ihnen ja auch so: Diese Beispiele haben das Potenzial, Leserinnen und Lesern ein Lächeln ins Gesicht zu zaubern. Und das ist doppelt gut so, denn im Grunde genommen sind Out-of-office-Meldungen keine erfreulichen Nachrichten.

Überlegen statt übertreiben

Zielgruppengerecht schreiben ist im Falle der Abwesenheitsnotizen schwierig. Wir wissen ja nicht, wen unsere automatischen Antworten erreichen. Achtung also vor zu flapsig oder zu werblich formulierten Abwesenheitsnotizen: Sie könnten ein Schuss in die falsche Richtung sein. Einen potenziellen Neukunden beeindruckt es vermutlich weniger, dass Sie am Strand mit einem Mochito in der Hand gerade Mitleid mit allen Arbeitenden dieser Welt haben. Seien Sie kreativ, aber stoßen Sie niemanden vor den Kopf. Allzu Privates hat in Businesstexten mit unbekannten Empfängern keinen Platz. Wenn Sie in Ihrem Unternehmen Vorlagen für Abwesenheitsnotizen ausgeben wollen, haben wir ein paar allgemeine Tipps für Sie auf Lager:

Der große Firmenauftritt via Abwesenheitsnotiz

- Kurz und knackig ist nicht unfreundlich: Wenn Sie Ihre Marke textfrisch und serviceorientiert rüberbringen, dürfen Anrede und Dankesworte ruhig wegfallen. Ein Abschiedsgruß muss aber sein.
- Auswahl bringt Abwechslung: Geben Sie Ihrem Team mindestens 4 bis 5 Vorlagen zur Auswahl. Nichts ist langweiliger, als immer nur das Gleiche zu lesen. Aber das heißt noch lange nicht, dass sich jeder selbst seine Abwesenheitsnotiz schreiben darf.
- Mitmachen ist Muss: Marke ist und bleibt ein Unternehmensprojekt, stümperhafte Abwesenheitsnotizen färben auch auf die Firma ab.
- Richtschnur für das Rundherum: Wann braucht es überhaupt Abwesenheitsnotizen, ab dem ersten Tag oder erst ab dem dritten? Richtlinien können hier nicht schaden.
- Lust auf Lesefreude: Regen Sie Schreibfreude an. Hier ist die interne Kommunikation gefragt. Vielleicht wollen Sie ja einen firmeninternen Wettbewerb für frischere Out-of-office-Meldungen machen.

Unsere Erfahrung zeigt: Rückt dieses etwas stiefmütterlich behandelte Thema in den Mittelpunkt, sind alle mit Feuer und Flamme dabei. Mit wenigen Sätzen kann man hier richtig Eindruck schinden. Und das Tüfteln an diesen kurzen und textfrischen Formulierungen macht einfach Spaß. Schließlich sind wir auch alle davon betroffen – egal auf welcher Seite wir gerade stehen.

14. Absageschreiben, die weniger enttäuschen

Stellen Sie sich einmal folgende Situation vor: Sie bewerben sich bei einem renommierten Unternehmen, das nach außen innovativ und dynamisch wirkt. Die Website spricht Sie an – junge und positiv wirkende Menschen strahlen um die Wette und Ihnen entgegen. Sie nehmen sich besonders viel Zeit, ein lockeres und textfrisches Motivationsschreiben zu verfassen.

Einige Wochen später erhalten Sie dieses Absageschreiben:

Sehr geehrter Kandidat!
Vielen Dank für Ihre Bewerbung und das damit bekundete Interesse an einer Mitarbeit in unserem Unternehmen.
Aufgrund der Bewerbungsunterlagen, und diese stellen das erste Vorauswahlinstrument bei uns dar, haben uns andere Bewerber mehr von der Passgenauigkeit ihrer Qualifikation in Bezug zu unserem Anforderungsprofil überzeugen können. Damit wollen wir jedoch keinesfalls ein Werturteil über Ihre persönlichen und beruflichen Eigenschaften und Fähigkeiten verbunden wissen, sondern haben uns bei unserer Entscheidung ausschließlich am spezifischen Bedarf orientiert. Aus diesem Grund müssen wir Ihnen leider abschlägig Bescheid geben.
Ihre Unterlagen, die Sie uns freundlicherweise per Mail zur Verfügung gestellt haben, vernichten wir aus Datenschutzgründen.
Bitte bewerben Sie sich, Ihrer Einschätzung nach, erneut auf interessante Inserate.
Mit der Bitte um Ihre Kenntnisnahme zeichnen wir mit freundlichen Grüßen

Was denken Sie dann? Freuen Sie sich am Ende sogar, dass es nicht geklappt hat? Denn irgendetwas stimmt hier einfach nicht ...

Bittsteller Bewerber?

Richtig, stimmig ist hier rein gar nichts. Aber realistisch. Denn diese zusammengefügten Sätze stammen alle von echten Absageschreiben, die die wortwelt® gesammelt und analysiert hat. Es waren exakt 100 Absageschreiben von heimischen Unternehmen, die sprachlich zumindest im letzten Jahrhundert steckengeblieben sind. In einer Zeit, als Bewerberinnen und Bewerber noch als Bittsteller gesehen wurden.

Die gute Nachricht: Seit unserer kleinen Studie im Jahr 2014 hat sich viel verändert. Viele Personal-Verantwortliche erkennen, dass Sprache im Employer Branding ein wichtiger Hebel ist. Von Absageschreiben bis zu Personal-Inseraten häufen sich ansprechende Texte, die im War for Talent mitkämpfen wollen. Auch unsere Wording-Aufträge in diesem Bereich nehmen signifikant zu. Als erstes Beispiel zeigen wir Ihnen das Familienunternehmen Octapharma, das Sie schon aus dem vorigen Kapitel kennen.

»Seit wir weniger steif und moderner formulieren, sprechen wir verstärkt jüngere Menschen an«, sagt Stephanie Kravka, bei Octapharma für Personalentwicklung und Employer Branding zuständig. Die früheren sehr floskelhaften HR-Schreiben hätten das Gegenteil bewirkt. Besonders schön findet sie, dass nun sogar auf Absageschreiben positive Reaktionen kommen: »Die Menschen freuen sich einfach über eine sympathische und rasche Antwort.«

Familie in die Sprache bringen

Wie schon bei den Abwesenheitsnotizen spielen auch bei den neuen HR-Texten die 3 Markendimensionen *vielseitig, vertraut* und *verlässlich* immer wieder eine Rolle. Dabei kommt auch der Markenkern »Octafamily« ins Spiel, wenn der Name auch nicht explizit genannt wird. Denn es ist diese Nähe, die gerade bei persönlichen Schreiben gut ankommt. Stephanie Kravka weiß warum: »In der Pharmabranche geht es oft unpersönlich und kalt zu. Mit unserer Octafamily versprühen wir Wärme und sorgen für Lockerheit.« Hier ein Beispiel für ein Absageschreiben auf eine Initiativbewerbung, das Vertrautheit spürbar macht.

> *Liebe/r (Name),*
> *Ihre Bewerbung zeigt klar: Sie wollen Teil von Octapharma werden und haben die besten Voraussetzungen dafür. Schade, dass wir derzeit keine passende Stelle frei haben.*
> *Ihre Qualifikation und Ihr Werdegang haben uns beeindruckt. Wir wollen Sie daher nicht aus den Augen verlieren. Wenn Sie es wünschen, heben wir Ihre Unterlagen (FRIST) auf und melden uns verlässlich, wenn sich etwas ergibt.*
> *Besuchen Sie auch regelmäßig unsere Karrieresite www.octapharma.at. Octapharma wächst stetig.*
> *Auf ein baldiges Wiederlesen und freundliche Grüße*
> *N.N., Recruiting*

Sprachlich Farbe bekennen

Menschlichkeit ist bei Absageschreiben angebracht, denn Bewerberinnen und Bewerber stecken für gewöhnlich viel Arbeit in Recherche und individuelle Motivationsschreiben. Umso intensiver lesen sie auch die Antworten, die sie enthalten. Hier geht es also nicht wie in anderen Textsorten um »kein Wort zu viel«. Stecken also auch Sie Arbeit in persönliche Antworten und bekennen Sie bei HR-Schreiben sprachlich Farbe. Generell gilt: Machen Ihre Texte die Marke spürbar, bleiben spätere Überraschungen erspart. Und im Fall der Absageschreiben wird so auch klar, ob sich eine nochmalige Bewerbung für Jobsuchende lohnt oder nicht.

Einen Schritt weiter in Sachen identitätsstiftende Sprache geht DB Schenker. Die bewegende Sprachwelt des Logistikunternehmens haben wir Ihnen bereits im Kapitel »Firmenbriefe, die zum Schmunzeln anregen« nähergebracht. Besonderen Wert legt das Unternehmen auf Lehrlingsschreiben, die den Nerv der Zeit treffen. Eine intelligente Strategie: Schließlich sind Lehrlinge Mitarbeitende von morgen oder auch gute Botschafter in Social Media und Co. Aber sehen Sie selbst:

Lehrlingsabsage 1

Andere waren Dir um eine Nasenlänge voraus, liebe/r [Vorname].

Deine Bewerbung hat Eindruck auf uns gemacht, dennoch haben wir uns für andere Bewerberinnen und Bewerber entschieden. Sie passen einen Tick besser zu uns.

Die Wahl ist uns ganz und gar nicht leichtgefallen. Es tut uns leid, dass wir keine bessere Nachricht für Dich haben.

Toi Toi Toi für Deine weitere Suche nach einer passenden Lehrstelle.

Eine Ladung voll Grüße

Der Bewerbungszug ist leider schon abgefahren, liebe/r [Vorname].
Wir freuen uns, dass Du zu den young.stars von DB Schenker gehören willst und Du hast wirklich gute Voraussetzungen. Nur leider haben wir den Bewerbungsprozess bereits abgeschlossen. Alle Tests und Gespräche sind schon vorbei.
Aber bitte bleib dran und schau wieder auf unserer Karriereseite vorbei. Wenn Du einverstanden bist, heben wir Deine Unterlagen auf (FRIST). Vielleicht klappt's beim nächsten Mal.
Viel Glück für Dein berufliches Durchstarten.
Eine Ladung voll Grüße

Positionierungschance nützen

Sie finden das übertrieben und zu werblich? Jedenfalls ist es authentischer als klassische Werbung. Und die Kosten für gut getextete Absageschreiben sind vergleichsweise niedrig. Aber noch viel wichtiger ist: Diese Texte differenzieren – es gibt nicht viele Unternehmen, die in markante Absageschreiben investieren. Sie haben also das Potenzial, mit solchen Ausreißern besonders positiv im Gedächtnis zu bleiben. Und auch hier gilt: Wenn aus Bewerberinnen und Bewerbern keine Mitarbeitenden werden, sind oder werden sie vielleicht Kunden.

Das Argument, zu werblich zu wirken, wiegt vor allem bei internen Texten – hier im konkreten bei internen Bewerbungen. DB Schenker hat diesen Spagat gut gemeistert, weil die Branche sehr charmant ins Licht gerückt wird. Wenn ein persönliches Gespräch nicht möglich ist, sieht ein internes Absageschreiben etwa so aus:

Lieber Herr Schenker,
gerne hätten wir Ihnen eine bessere Nachricht geliefert,
aber es hat einfach nicht geklappt. Wir haben uns für
eine andere Person entschieden.
  Die Entscheidung war für uns ganz und gar nicht
einfach. Sie haben bereits viele wertvolle Erfahrungen
bei DB Schenker gesammelt und sich schon mehrmals
intern beworben. Allerdings passen Ihre Qualifikatio-
nen nicht ganz zu dem vom Fachbereich gewünschten
Profil. Das tut uns leid.
  Bitte lassen Sie sich dadurch nicht entmutigen. Wir
schätzen Ihr Engagement und Ihr Interesse an Neuem.
Bleiben Sie weiter dran und bewerben Sie sich wieder.
Wir haben bald wieder interessante Jobs für Sie auf
Lager.
  Wollen Sie Feedback zu Ihrer Bewerbung? Schicken
Sie mir einfach ein E-Mail an [...]@dbschenker.com.
Ich bin gerne für Sie da.
  Eine Ladung voll Grüße

Würden Sie sich bei diesem Schreiben nicht denken, dass Sie
es noch einmal probieren? Sätze wie »Bitte lassen Sie sich
nicht entmutigen« stehen genau dafür, was es braucht: Nähe
und Wertschätzung.

Mehr als nur Hygienefaktoren – Zeitgerecht antworten
Es ist traurig, dass wir es überhaupt erwähnen müssen:
Keine Antwort ist auch eine Antwort – nämlich eine doppelt
enttäuschende. Und negative Botschaften verbreiten sich be-
kanntlich schneller als positive. Dennoch ist es immer noch
eine gängige Unart, dass Absageschreiben nicht oder viel zu
spät geschrieben werden. Der Klassiker in diesem Bereich:
Funkstille auf Praktikumsbewerbungen. Hier wird auch

eine Chance vergeben: Die Praktikanten von heute könnten schließlich High Potentials von morgen sein.

Ehrlich antworten

Ein »Leider« ist auch schon wieder eine Floskel. Tut es Ihnen wirklich leid, dass Sie einen besseren Kandidaten für Ihr Unternehmen auswählen? Schönreden bringt nichts, lieber geradeheraus sagen, was Sache ist. Konstruktive Kritik ist gut, aber Achtung: Tappen Sie nicht in die Diskriminierungsfalle.

In der Arbeitswelt ist Diskriminierung wegen Geschlechts, Alters, der ethnischen Zugehörigkeit, der Religion, der Weltanschauung oder der sexuellen Orientierung verboten. Es muss auch nicht immer der Zusatz fallen, dass Sie Unterlagen behalten. Das sollte nur Wunschkandidaten für weitere Jobs vorbehalten sein. Diese müssen Sie auch um Einverständnis bitten, dass Sie die Unterlagen entsprechend der jeweils geltenden gesetzlichen Frist aufbewahren dürfen.

Persönlich antworten

Bewerbungen sind etwas Persönliches. Ein Mensch breitet quasi sein ganzes Leben vor Ihnen aus. Seien Sie als Unternehmen also auch persönlich und hinterlassen Sie bei Absagen ein gutes Gefühl. Das erreichen Sie mit einem netten Einstieg, aber auch mit persönlichen Wünschen am Schluss. Auch kleine Geschenke erhalten die Freundschaft. Das kann ein Energie-Riegel sein, mit dem Sie viel Energie für die weitere Jobsuche wünschen, oder ein Gutschein. Und persönlich heißt manchmal wirklich persönlich: Nachdem Jobsuchende die ersten Runden schon gemeistert haben, sollten Sie bei einer Absage selbst zum Telefonhörer greifen.

Positiv antworten

Verpassen Sie nicht die einmalige Chance, mit dem Absageschreiben ein positives Markenerlebnis zu schaffen. Denn Absageschreiben werden auf Punkt und Beistrich gelesen. Statt einem enttäuschenden 0815-Absageschreiben könnte der Text bei der Empfängerin oder dem Empfänger auch diese Reaktion auslösen: »Schade, dass ich es nicht geschafft habe. Aber diese Firma bleibt bei mir auf jeden Fall auf dem Radar.«

Der Vergleich macht sicher

Zum Schluss bitten wir Sie wieder in die Rolle der Bewerberin oder des Bewerbers. Wir stellen den typischen Floskeln von unserem Absageschreiben zu Beginn des Kapitels ein paar textfrische Alternativen gegenüber. Inhaltlich ändern wir dabei kaum etwas:

Absagefloskeln	*Alternativen*
Vielen Dank für Ihre Bewerbung und das damit bekundete Interesse an einer Mitarbeit in unserem Unternehmen.	Herzlichen Dank für Ihre Bewerbung. Wir freuen uns, dass Sie sich für eine Mitarbeit bei uns interessieren.
Aufgrund der Bewerbungsunterlagen, und diese stellen das erste Vorauswahlinstrument bei uns dar, haben uns andere Bewerber mehr von der Passgenauigkeit ihrer Qualifikation in Bezug zu unserem Anforderungsprofil überzeugen können.	Wir haben Ihre Unterlagen sorgfältig geprüft. Dennoch fiel unsere Wahl auf andere Bewerberinnen und Bewerber, die noch ein wenig besser zum Profil passen.

Damit wollen wir jedoch keinesfalls ein Werturteil über Ihre persönlichen und beruflichen Eigenschaften und Fähigkeiten verbunden wissen, sondern haben uns bei unserer Entscheidung ausschließlich am spezifischen Bedarf orientiert. Aus diesem Grund müssen wir Ihnen leider abschlägig Bescheid geben.	Es sind oft Nuancen, die den Unterschied machen. Auch wenn Sie wertvolle Qualifikationen und Fähigkeiten mitbringen, können wir Ihnen im Moment keine passende Position anbieten.
Ihre Unterlagen, die Sie uns freundlicherweise per Mail zur Verfügung gestellt haben, vernichten wir aus Datenschutzgründen. Bitte bewerben Sie sich, Ihrer Einschätzung nach, erneut auf interessante Inserate.	Besuchen Sie regelmäßig unsere Karriereseite, es ergeben sich immer wieder neue Chancen. Wir freuen uns, wenn Sie sich wieder bewerben.
Mit der Bitte um Ihre Kenntnisnahme zeichnen wir	Es tut uns leid, dass wir keine bessere Nachricht für Sie haben und wünschen Ihnen viel Glück auf Ihrem weiteren Weg.

Wie erleben Sie die rechte Spalte im Vergleich zur linken? Wenn Sie sich damit wohlerfühlen, geht es vermutlich Personen in oft schwierigen Bewerbungssituationen erst recht so.

Wer hat noch nie in seinem Leben ein Absageschreiben erhalten? Klar, es ist nie eine erfreuliche Situation. Aber je freundlicher und wertschätzender es formuliert ist, desto besser geht es uns damit. Und im besten Fall klappt es ja vielleicht beim selben Unternehmen, wenn wir es nochmal versuchen.

15. Firmenbriefe, die zum Schmunzeln bringen

»Jedenfalls ist es besser, ein eckiges Etwas als ein rundes Nichts zu sein.« Das wusste schon Friedrich Hebbel. Heute lieben Markenprofis und auch wir von wortwelt® dieses Zitat ganz besonders. Sie fragen warum? Am besten erklären wir es anhand eines Beispiels:

Sehr geehrter Herr Mustermann,
unser Ziel ist es, dass Sie sich in Ihrem Haus »pudelwohl« fühlen – zusammen mit netten Mitbewohnern in Ihrem direkten Wohnumfeld.
Für die Wohnung im 1. Obergeschoss rechts haben wir neue Nachbarn für Sie gefunden. Begleitet werden diese von Ihrem treuen Vierbeiner. »Bello« ist ein 4-jähriger Mischlingshund, welcher der Familie auf Schritt und Tritt durchs Leben folgt. Mit dem beigefügten Foto können Sie sich vorab ein Bild machen.
Ein geordnetes Zusammenleben in Ihrem Haus ist uns wichtig. Der Hundebesitzer hat daher folgende Verplichtungen:
– den Hund innerhalb der gesamten Wohnanlage an der Leine führen
– Verschmutzungen durch den Hund sofort und unaufgefordert beseitigen
– der Hund darf Sie nicht belästigen, z.B. durch lautes Anbellen oder Anspringen

Nun sind Sie gefragt. Haben Sie Einwände, die gegen einen Einzug von »Bello« sprechen? Bitte informieren Sie bis zum 31. 08. 2013 Ihre Wohnungsverwalterin Frau Muster. Vielen Dank.

Dieser Brief stammt von der Wohnungsgesellschaft WIRO in Rostock. Mit ihren rund 600 Mitarbeitenden und 36.000 Wohnungen im Großraum Rostock ist sie eine der Großen am deutschen Wohnungsmarkt. Dieser nette Brief ist nur einer von vielen hunderten, der jährlich an die Mieterinnen und Mieter geht. Er informiert nicht nur, sondern spricht an und zeigt, wie die WIRO tickt. »Seit 2014 ist bei uns in Rostock ›Wohnfühlen‹ angesagt und das soll auch in der Korrespondenz spürbar werden«, so Britt Zimlich, die Verantwortliche für das Marken- und Sprachprojekt. »Wir wollen mit jedem Brief, E-Mail und Fax unser unkompliziertes und überraschend freundliches Image transportieren.«

Wenn wir schon bei Hunden sind. Hier ist noch ein Brief, diesmal von einem Hotel. Eine Antwort auf die Frage, ob Hunde erlaubt sind:

Sehr geehrte Familie Maier,
noch nie hat in unserem Haus ein Hund angetrunken andere Gäste beleidigt oder belästigt. Es hat auch noch kein Hund Toilettenwände beschmiert oder das Becken vollgekotzt. Auch die Flaschen aus der Minibar wurden noch nie von einem Hund leergetrunken und mit Wasser angefüllt. Uns ist auch kein Fall von Zechprellerei oder Diebstahl durch einen Hund bekannt.
Daher ist Ihr Hund bei uns herzlich willkommen. Und wenn er für Sie bürgt, dürfen Sie ihn gerne begleiten.
Freundliche Grüße [6]

Ein Beispiel geht noch. Lesen Sie die Antwort von Werner Molik des Verkehrsverbundes Ost-Region auf die Frage, ob man ein Pferd in der U1 in Wien transportieren darf.

Sehr geehrte Frau XXX,
zuerst möchten wir Sie mit der in unseren Beförde-
rungsbedingungen enthaltenen Regelung für die Beför-
derung von Tieren vertraut machen, die da lautet:
»Der Fahrgast ist berechtigt, kleine lebende Tiere, so-
fern es nicht gefährliche Tiere sind, unentgeltlich in die
Anlagen und Beförderungsmittel mitzunehmen, wenn
diese Tiere in Behältnissen untergebracht sind. Diese
Behältnisse müssen so beschaffen sein, dass Verletzun-
gen und Verunreinigungen von Personen sowie Beschä-
digungen und Verunreinigungen von Anlagen und Be-
förderungsmitteln ausgeschlossen sind.«
Leider gehen aus Ihrem E-Mail keine detaillierten
Informationen zu Ihrem Pferd hervor, wir erlauben uns
daher, einige Möglichkeiten aufzulisten.
Wenn es sich um ein großes Pferd (z.B. Lipizzaner,
Haflinger, Mustang, Flusspferd usw.) handelt, ist eine
Beförderung nicht zulässig.
Handelt es sich um ein neugeborenes Shetland-Pony
oder Isländer und passt jenes in ein Behältnis, z.B. Rei-
setasche, ist eine Beförderung grundsätzlich möglich.
Ein Maulkorb muss nicht angelegt werden, be-
achten Sie jedoch die Bestimmungen des neuen
Tiertransport-Gesetzes.
Seepferdchen können – ebenfalls ohne Maulkorb-
pflicht – mitgenommen werden, das Aquarium muss
jedoch aus bruchsicherem Glas (Panzerglas) bestehen.
Die Mitnahme von Schaukelpferden ist erlaubt,
wenn sie leicht tragbar sind und so abgestellt werden,
dass keine Gefährdung zu erwarten ist.
Für Steckenpferde im physischen Sinn gilt ebenfalls
o.a. Regelung, sonstige Steckenpferde können Sie in un-
begrenzter Anzahl im Geiste mitführen.
In allen Fällen erfolgt die Beförderung kostenlos!

Wir hoffen, Ihnen hiermit gedient zu haben, wünschen Ihnen noch eine angenehme Reise und verbleiben mit freundlichen Grüßen [7]

Sie sehen schon, was wir mit Ecken und Kanten meinen. Wenn es zum Unternehmen passt, darf es durchaus einmal humorvoll oder provokant sein. Die Hauptsache: Der Stil unterstreicht die Identität des Unternehmens. Dabei muss dieser Stil nicht unbedingt allen gefallen. Starke Marken heben sich selbstbewusst von anderen ab und schaffen so überraschende Kundenerlebnisse – auch sprachliche.

Markensprache – das Sahnehäubchen

Jeder Text muss einen Nutzen haben und verständlich sein. Das ist die Basis. Wenn er darüber hinaus spürbar macht, wer dahintersteht, ist er perfekt.

Wie hat die WIRO Wohnungsgesellschaft ihre Markensprache entwickelt? Es begann mit einem Markenentwicklungsprozess, den wortwelt® Initiator Axel Ebert begleitet hat. Das Ergebnis waren 3 Werte und ein Markenkern: Morgen wagen, Menschen mögen, Mehr erreichen. Das alles ergibt zusammen die Wohnfühlgesellschaft, den Markenkern. Im nächsten Schritt hat das Projektteam erarbeitet, wie die 3 Werte in Sprache übersetzt werden sollen:

Morgen wagen: unbürokratisch, mutig, aktiv, zeitgemäß, lösungsorientiert

Menschen mögen: überraschend freundlich, persönlich, wertschätzend, positiv

Mehr erreichen: klar, unkompliziert, vertrauenswürdig, kompetent, prägnant, gradlinig

178

Und dann ging es ans Neuformulieren. Als Hilfe diente dabei ein Handbuch mit vielen Vorher-Nachher-Beispielen und Schreibtipps. Hier ein paar Ausschnitte:

Alt	Neu
Sehr geehrte Frau Muster, beiliegend erhalten Sie die Änderungen zum Nutzungsvertrag für Ihre Unterlagen. Bei Fragen und Hinweisen stehen wir zur Verfügung. Mit freundlichen Grüßen	Sehr geehrte Frau Muster, wir freuen uns auch für die Zukunft auf ein gutes Miteinander. Der geänderte Nutzungsvertrag ist nun vollständig unterschrieben. Ein Exemplar erhalten Sie für Ihre Unterlagen. Viel Spaß in unserer Sportanlage. Sollten Sie noch Fragen haben, sind wir gerne für Sie da, Tel. ... Sportliche Grüße
023451356MN Objekt XY Sehr geehrte Damen und Herren, bis zum heutigen Tag ist der per 30. 09. 2013 fällige Rechnungsbetrag nicht auf unserem Bankkonto eingegangen. Wir bitten Sie, innerhalb der nächsten sieben Kalendertage diesen Betrag zu überweisen. Kontonummer: 103 719 100 Bankleitzahl: 1304 0000 Commerzbank Rostock Zahlungsgrund: RE Nummer 13541 Zahlungseingänge sind bis zum 02. 05. 2013 berücksichtigt.	Zahlungserinnerung Sehr geehrter Herr Muster, in hektischen Zeiten wie diesen kann man mal etwas vergessen. Deshalb erinnern wir Sie an den noch offenen Betrag von 400,00 Euro. Um das Minus schnell auszugleichen und zukünftige Mahnkosten zu vermeiden, überweisen Sie bitte die 400,00 Euro schnellstmöglich auf folgendes Konto: Empfänger: WIRO IBAN: DE75 2010 4246 2460 1248 11 BIC: NOLADE21ROS

Bei Rückfragen steht Ihnen Frau Muster unter der o. g. Rufnummer gern zur Verfügung.
Mit freundlichen Grüßen

Sollte Ihnen das nicht möglich sein, rufen Sie Frau Muster unter der Telefonnummer 0381.4567–1234 an. Bestimmt finden wir hierfür gemeinsam eine Lösung.
Freundliche Grüße

Sie sind in unserer Interessentendatei eingetragen. Sofern uns disponibler rollstuhlgerechter Wohnraum vorliegt, geht Ihnen das Angebot unverzüglich zu.

Danke für Ihr Interesse. Wenn eine passende rollstuhlgerechte Wohnung frei ist, schicke ich Ihnen gleich ein Angebot.

Der neue Schreibstil hat in kürzester Zeit Eingang in viele Mieterbriefe, aber auch in Verträge, Jobinserate und Dienstanweisungen gefunden. Die Hausordnung kann sich ebenfalls sehen lassen.

Die Wohnfühlgesellschaft

Unsere Hausordnung

Damit wir uns im Haus wohl fühlen, gehen wir freundlich und rücksichtsvoll miteinander um.
Bitte beachten Sie diese verbindliche Hausordnung und die Allgemeinen Vertragsbedingungen
(AVB) als Bestandteil Ihres Mietvertrages. Vielen Dank.

Sauber halten wir alles, was wir gemeinsam nutzen, z. B. Treppenhaus,
Trockenräume, Keller, Wiese. Bitte:

- trennen Sie Müll und werfen ihn in die richtigen Tonnen.
- melden Sie Sperrmüll an und stellen ihn erst am Tag vor der Entsorgung raus.
- halten Sie sich an die Putzpläne. Wenn keine Firma das Haus reinigt, putzen
  die Mieter im Wechsel.
- entfernen Sie „Häufchen", „Pfützen" und Haare Ihrer Tiere.
- halten Sie sich an die städtische Räum- und Streupflicht bei Frost und
  Schneefall, wenn es in Ihrem Mietvertrag nicht anders vereinbart ist.

Zugänglich – das kann Leben retten. Bitte:

- halten Sie die Zufahrtswege für Polizei, Rettungswagen & Feuerwehr frei.
- stellen Sie sperrige Gegenstände im Keller oder in Gemeinschafträumen ab,
  z. B. Fahrräder, Kinderwagen.
- halten Sie Hausflure, Fluchtwege, Türen und andere Zugänge frei.
- stellen Sie Fahrzeuge nur auf den dafür vorgesehenen Flächen ab.

Leise und rücksichtsvoll verhalten wir uns als Hausgemeinschaft – auch
tagsüber und draußen.

- Zu den folgenden Zeiten bitte Zimmerlautstärke: nachts 22 – 7 Uhr,
  tagsüber 13 – 15 Uhr.
- Laute Arbeiten nur werktags bis 20 Uhr, z. B. Bohren oder Hämmern.

Sicher ist sicher. Bitte:

- lagern Sie im Keller nichts Explosives, übel Riechendes oder Brennbares.
- schließen Sie die Haustüren nicht ab, damit sie im Notfall nicht zur Falle werden.
- grillen Sie mit Elektrogrill. Bitte keinen Kohle- oder Gasgrill verwenden.
- sorgen Sie für dichte Ab- und Zuflüsse bei Waschmaschinen und Geschirrspülern.
- schließen Sie Fenster und Türen bei Sturm, Kälte und Regen, damit keine
  Schäden entstehen.
- bauen Sie Rauchwarnmelder nicht ab – sie können Leben retten.
- halten Sie Ihre Balkone und Terrassen frei von ungewöhnlichen Belastungen,
  z. B. Schnee, Eis und Laub.

Korrekt, so vermeiden Sie Ärger und Schäden – auch für andere. Bitte:
- füttern Sie keine frei lebenden Tiere, z. B. Tauben und Möwen.
- werfen Sie Essensreste in die Biotonne, nicht in Toiletten oder Abflüsse.
- lagern Sie im Keller Gegenstände hoch, damit sie bei Wasserschäden nicht leiden.
- lüften Sie mehrmals am Tag für fünf bis zehn Minuten, mehr Infos in unserer Broschüre „Richtig Heizen und Lüften".
- hängen Sie Wäsche in Trockenräumen ab, sobald sie trocken ist.
- beachten Sie die Nutzungsordnungen für die Gemeinschaftsräume.

Schön, wenn unser Haus gefällt. Bitte:
- hängen Sie Wäsche nicht von außen sichtbar, sondern unterhalb der Balkonbrüstung auf.
- bauen Sie Jalousien, Markisen usw. nur so an, dass Außenwände, Fenster und Türen nicht beschädigt werden.

Sonst noch was? Ja – bitte:
- vermeiden Sie, was andere oft ärgert, z. B. vom Balkon fliegende Zigarettenasche, tropfende Blumenkästen und brennendes Licht in Kellern und Gemeinschaftsräumen.
- wenden Sie sich an Ihren Wohnungsverwalter, wenn Sie Haustiere halten möchten. Kleintiere brauchen keine Genehmigung, wie z. B. Hamster, Zierfische und Wellensittiche.
- verkleben Sie auf dem Fußboden keine Bodenbeläge, z. B. Teppich, Laminat, Parkett.
- nehmen Sie Um- und Einbauten nur mit Genehmigung Ihres Vermieters vor, z. B. Fliesenspiegel, Bodenbeläge, große Aquarien.
- gehen Sie mit unserem Haus sorgsam um. Schäden trägt immer der Verursacher, auch Folgeschäden für andere Wohnungen.

Eine gute Nachbarschaft bedeutet leben und leben lassen. Vorsicht und gegenseitige Rücksichtnahme sind einfache und sinnvolle Grundregeln. Zeigen Sie Verständnis für Ihre Nachbarn. Aber sprechen Sie Probleme auch konkret an, bevor es schwierig wird oder zum Streit kommt. Das gilt für alle im Haus: Mieter, Besucher und Eigentümer.

182

2015 wurden die Anstrengungen rund um das Sprachprojekt belohnt. Die WIRO Wortwelt darf den Titel *Sprachvorbild 2015* tragen. Der Verein Deutsche Sprache vergibt diesen Preis jährlich. Britt Zimlich freut sich ganz besonders über die Auszeichnung: »Sie ist uns ein Ansporn, weiter an unserem Korrespondenz-Stil zu arbeiten. Wir wollen nicht nur verständlich schreiben, sondern auch positiv überraschen. Am besten gelingt das, wenn wir so schreiben, wie wir sind: unbürokratisch, fröhlich und geradlinig.«

Logistiksprache pur
Wechseln wir die Branche und widmen uns einem großen Player in der Logistikwelt, DB Schenker. Ob zu Land, in der Luft, zur See oder im Lager – hier sind Profis am Werk. Weltweit arbeiten bei DB Schenker derzeit mehr als 72.000 Menschen an 2.000 Standorten von Vancouver bis Sidney. In Österreich sind es 2.000 Mitarbeiterinnen und Mitarbeiter, davon eine kleine, aber ungemein kreative Human Resources-Abteilung.

Julia Hasenzagl kümmert sich bei DB Schenker Österreich um den Arbeitgeber-Auftritt: »Ich bin zwar abhängig von den Employer Branding-Kampagnen des Konzerns, habe aber bei den Texten viel Freiraum – und den nütze ich. Denn nichts ist langweiliger als eine 0815-Bewerberabsage. Mir ist viel lieber, ein Bewerber denkt sich: ›Schade, dass ich nicht genommen wurde.‹ Anstatt: ›Hab ich Glück, die nehmen mich nicht.‹ Und das war auch der Startschuss für unser Keywording-Projekt gemeinsam mit wortwelt®.«

Begonnen hat alles im Jahr 2015 mit der Suche nach Schlüsselwörtern, die zur Employer Brand von DB Schenker passen. Das Brainstorming brachte viele Keywords, die seitdem mit Augenzwinkern eingesetzt werden. Bis hin zu den Grußformeln: Ob es eine *Ladung voll Grüße* oder *eine Pa-*

lette mit den besten Wünschen zum Abschluss ist, immer ist die Logistikwelt zugegen.

DB Schenker *liefert* Antworten *frei Haus*, entschuldigt sich für den *Lieferverzug* oder hat Praktikumsplätze *auf Lager*. Auf Bewerberinnen und Bewerber wartet ein *Paket voller Chancen* und Lehrlinge werden eingeladen, *einzusteigen* und *die grenzenlose Welt der Mobilität* kennenzulernen.

Sie wollen noch mehr? Gerne liefern wir Ihnen weitere Redewendungen von DB Schenker, die Leserinnen und Leser immer wieder zum Schmunzeln bringen:

Für die Zielgruppe LKW-Fahrer
Sie sind gerne auf der Überholspur und überall auf der Welt zu Hause. Steigen Sie bei uns ein. Gemeinsam bewegen wir alles, was zählt.

Für Lehrlinge
Du bist startklar für eine Welt voller Logistik-Möglichkeiten. Dann spring einfach auf unseren Zug auf und bewirb Dich bei uns. Unser Weg führt Dich geradewegs zu Deinem Karriereziel.

Für Staplerfahrer
Sie sind immer in Bewegung und verlieren niemals die Spur. Dann sind Sie bei uns herzlich willkommen. Gemeinsam halten wir das Geschäft am Laufen.

Im Leitfaden *Facettenreiche Sprache für einen facettenreichen Arbeitgeber* finden sich alle wichtigen Informationen zum neuen Sprachstil. Von Tipps zu verständlicher Sprache, über den speziellen Stil für Lehrlinge bis hin zu den Vorlagen für die Bewerberkorrespondenz.

Alt	Neu
Vielen Dank für Ihre aussagekräftige Bewerbung.	Ihre Bewerbung macht es sonnenklar: Sie wollen mit uns die Welt bewegen.
Wir halten Ihre Unterlagen in Evidenz.	Wir heben Ihre Unterlagen auf.
Mit Bedauern müssen wir Ihnen mitteilen …	Schade, dass es nicht geklappt hat.

Die Lehrlingstexte sollen ebenfalls mit Logistiksprache angereichert und aus einem Guss sein, unabhängig ob Inserat, Webtext oder E-Mail. DB Schenker spricht Lehrlinge mit Du an und bringt immer wieder den Begriff *DB Schenker young.stars* ins Spiel. Auch lockern frische englische Begriffe auf wie etwa der Satz »Sorry, dass wir keine besseren News für Dich haben.« Oder die Grußformel »Good Luck für den Einstiegstest«.

Julia Hasenzagl verwendet ebenfalls gerne Logistik-Keywords in ihren E-Mails: »Intern ist die Suche nach neuen Logistik-Wörtern zu einem richtigen Wettbewerb geworden. Wer hat eine neue Idee und bringt sie gleich zu Papier? So ist unser Wortschatz immer mehr gewachsen und es gibt heute schon jede Menge HR-Texte in unserer Logistiksprache. Das ist ein starkes Differenzierungsmerkmal.«

Wer lacht, zahlt lieber

Sind Ihnen Mahnungen auch ein Gräuel? Dann sind Sie in guter Gesellschaft. Menschen mögen einfach keine Mahnungen. Sind sie jedoch ansprechend formuliert oder zaubern sie ein Lächeln ins Gesicht, steigen die Chancen, dass sie schneller bezahlt werden. Sie wollen ein paar Highlights, wie auch unangenehme Nachrichten positiv überraschen? Hier die letzten Zeilen des Mahnschreibens von der Buchhandlung Morawa:

Mäntel und Schirme werden ab und zu vergessen. Das ist unangenehm. Manchmal auch der Hochzeitstag. Das kann richtig peinlich werden.

Sie hingegen haben bloß übersehen, dass die oben genannten Posten bereits fällig sind.

Nicht der Rede wert. Wir bitten Sie, den offenen Betrag bei der nächsten Gelegenheit zu überweisen. Und wollen nicht vergessen, uns schon jetzt für die Einzahlung zu bedanken.

Mit freundlichen Grüßen

MORAWA BUCH UND MEDIEN GMBH [8]

Oder die Mahnung vom Hotel Corvinus. Hier finden Sie auch gleich die wichtigsten Bestandteile eines erfolgreichen Mahnschreibens:

Sehr geehrte Frau XXX,
die Grundsätze für einen Mahnbrief sind: Er soll …
kurz,
freundlich und
erfolgreich sein.

Dieser Brief ist kurz und in freundlicher Gesinnung geschrieben. Nun hoffen wir, dass er auch erfolgreich ist.

Freundliche Grüße

Oder dieses nette Mahnschreiben:

Liebe Frau XXX,
Paket angekommen, ausgepackt und behalten? Das
freut uns! Haben Sie daran gedacht, dass die Rechnung
heute fällig wird?
Super – und vielen Dank!
Bankverbindung: XXX
Bitte unbedingt Kunden- und Rechnungsnummer
angeben.
Eine schöne Zeit und viel Spaß mit den Produkten
von JAKO-O.

Ihr JAKO-O Kundenservice [9]

Ähnlich unangenehm wie Mahnschreiben sind »Keilerbrie-fe«. Sie sind oft so aufdringlich, dass der gegenteilige Effekt erreicht wird. Anders dieser Folgebrief nach einem Schnupper-Abo von FALTER:

Liebe Susi M.,
bitte lach jetzt nicht, aber ich muss es einfach wissen:
Wie war ich?
Seit vier Wochen teilen wir nun das Bett, das Wohn-
zimmer, die Küche, die U-Bahn und manchmal sogar
das WC, aber du hast noch nicht gesagt, ob es dir mit
mir gefällt.
Ich denke, du bist dir schon im Klaren darüber, ob
du mit mir leben willst. Ich hoffe es natürlich sehr! Bitte
sag doch heute noch ja, und ich werde dein Lebensab-
schnittsabo – solange du willst.
Dreh diesen Brief einfach um. Füll den Antwort-
schein aus und schick ihn an mich zurück: Fax: 01/536
60–935, E-Mail: wiewarich@falter.at, oder du rufst

mich unter 01/536 60–928 an und nennst das Code-
wort »Lebensabschnitt«.

In sehnsüchtiger Erwartung deiner Antwort
(kann wahrscheinlich bis dahin nicht mehr schlafen)
verbleibt Dein

Das Briefpapier: eine stilisierte Blumenwiese mit einem Schmetterling. Einfach grandios.

Sie sehen, der Fantasie sind keine Grenzen gesetzt. Eine Portion Mut brauchen Sie schon, wenn Sie aus der Floskelwelt aussteigen und Ihre Texte mit Ihrem Fingerabdruck versehen wollen. Ein Versuch ist es aber wert. Und in den meisten Fällen sind Ihre Leserinnen und Leser begeistert. Das spricht sich übrigens auch herum.

Und was sagt die Wissenschaft?

»Woher nehmt ihr eure Expertise?« Mit solchen Fragen müssen wir als Autorinnen eines Buches über Sprache freilich rechnen. Unsere Antwort darauf fällt klar aus: Wir erheben keinerlei wissenschaftlichen Anspruch. Unsere Expertise schöpfen wir vor allem aus der Erfahrung von über 150 Sprachprojekten, die sich teilweise über Jahre ziehen. Bestätigt werden wir durch Kundenfeedbacks und durch Auszeichnungen, die in diesem Buch beschriebene Projekte wie etwa *WKO im Wort* oder WIRO erhalten haben.

Aber natürlich fußen viele unserer Tools und Praktiken auf wissenschaftlichen Erkenntnissen wie etwa auf dem Hamburger Verständlichkeitsmodell – mehr dazu finden Sie in Kapitel 1 »Amtstexte, die schimmelfrei sind«. Was wir im Laufe der Jahre daraus gemacht haben, ist wieder eine andere Geschichte. Denn Sprache ist lebendig und entwickelt sich immer weiter. Und wir sind Praktikerinnen, die sich Business-tauglichen Alltagstexten mit Flexibilität und viel Fingerspitzengefühl nähern. Patentrezepte überlassen wir gerne anderen.

Dennoch wollen wir nicht an der Wissenschaft vorbeischreiben. So sind wir auf das Buch »Verständlichkeitsforschung transdisziplinär« von Benedikt Lutz gestoßen. Wir
wollten vom anerkannten heimischen Verständlichkeitsfor-
scher wissen, wo er unserem Weg quasi den wissenschaftlichen Sanctus gibt. Dazu gaben wir ihm nicht nur Einblick
in unsere Projekte, sondern trafen ihn auch zum Gespräch.
Einige Passagen geben wir hier wortgetreu wieder – wobei
wir wie üblich den Bogen von Verständlichkeit bis zu Lesefreude spannen.

16. Insights vom Verständlichkeitsforscher Benedikt Lutz

wortwelt®: Ein interessantes Zitat aus Ihrem Buch lautet:
Bei Verständlichkeit geht es meistens um ein Mehr oder
Weniger, selten um Entweder-Oder. Was meinen Sie damit
genau?

Dr. Benedikt Lutz: Das ist ein schwieriges Thema gleich zu
Beginn, das gewissermaßen in der Natur der Sache liegt:
Das Phänomen »Verständlichkeit« kann man empirisch nur
indirekt erfassen, und es geht dabei häufig um graduelle Un-
terschiede. Den absolut verständlichen Text gibt es ebenso
wenig wie einen absolut unverständlichen. In unserem All-
tagsverständnis von Verständlichkeit gehen wir meist von
unseren eigenen Vorstellungen, von unserem eigenen Verstehen aus und glauben aus dieser Erfahrung heraus beurteilen
zu können, ob Texte auch für andere Personen mehr oder
weniger gut verständlich sind, oder missverständlich, oder
vielleicht gänzlich unverständlich. Verstehen ist aber von
vielen Faktoren der Text-Leser-Interaktion abhängig. Was
eine Person gut versteht, kann für eine andere aufgrund un-

terschiedlicher Vorkenntnisse und Erfahrungen sehr schwer verständlich sein. Besonders deutlich merkt man das bei fachsprachlicher Kommunikation und bei der Kommunikation zwischen Experten und Laien.

Auf der anderen Seite gibt es sehr wohl Texteigenschaften, die für alle Leser kognitiv schwer verarbeitbar sind, wie z.B. überlange und syntaktisch komplexe Sätze oder Nominalisierungen und Mehrfachkomposita, also mehrfach zusammengesetzte Hauptwörter. Jetzt ist es aber so, dass Nominalisierungen und Mehrfachkomposita Mittel der sprachlichen Ökonomie sind, die – wenn man sie auflöst – im Gegenzug die syntaktische Komplexität erhöhen oder einen Text deutlich länger machen können. Das muss aber nicht sein, wie Sie anhand vieler Beispiele immer wieder beweisen.

In juristischen Texten und Gesetzen sind solche Mehrfachkomposita häufig und durchaus präzise. So gibt es für viele Gesetze eine Kurzbezeichnung und eine Langbezeichnung, z.B. heißt die »Druckgeräteüberwachungsverordnung« in Langform »Verordnung des Bundesministers für Wissenschaft, Forschung und Wirtschaft über sicherheitstechnische Bestimmungen für Prüfungen bei der Inbetriebnahme und während des Betriebes von Druckgeräten«. Da erhöht man durch die Auflösung des Kompositums die Verständlichkeit vermutlich nur wenig.

wortwelt®: Wo liegt die Grenze zwischen Über- und Unterforderung, wenn Texte etwa eines Ministeriums für die gesamte Bevölkerung Relevanz haben müssen?

Dr. Benedikt Lutz: Generell sollte man bei Gebrauchstexten die Leserinnen und Leser möglichst wenig frustrieren. Das betrifft öffentliche Texte mit breitem Zielpublikum in besonderem Maße. Untersuchungen wie der PISA- oder der PIACC-Test zeigen aber leider, dass ca. 20 Prozent der Bevölkerung in Deutschland und Österreich ernsthafte Probleme mit dem »sinnerfassenden« Lesen haben. Insofern stellt sich hier wirklich die Frage, ob man wichtige Texte für die Allgemeinheit ganz besonders einfach formulieren sollte, in Richtung »Leichte Sprache«. Dabei kann man allerdings über das Ziel hinausschießen. Leichte Sprachen mit ihren extrem vereinfachten Strukturen und Inhalten werden von Leuten mit höherer Lesekompetenz häufig als Zumutung wahrgenommen, stören den gewohnten Lesefluss und sollten deshalb eher nur für Personen mit kognitiven Behinderungen eingesetzt werden. Da scheint mir das gemäßigtere Konzept von »Plain Language« in den englischsprachigen Ländern, in den skandinavischen Ländern »Klarsprache« genannt, besser geeignet zu sein: Beseitigen unnötiger sprachlicher Barrieren und Vereinfachung im Rahmen der Konventionen, die für die jeweilige Textsorte üblich sind.

Die Alphabetisierung der gesamten Bevölkerung ist in diesem Zusammenhang jedenfalls ein wichtiges gesellschaftspolitisches Anliegen. Man muss schrittweise lernen, auch komplexere sprachliche Strukturen zu beherrschen, und das geschieht am besten im pädagogischen Kontext des Schulunterrichts. Lernen ist auch mit kontrolliert gesteuerter Überforderung verbunden. Wenn man ständig nur mit einfachen Texten zu tun hat, erwirbt man keine höhere Lesekompetenz.

wortwelt®: Die wortwelt-Kriterien fußen auf dem Hamburger Verständlichkeitsmodell. Wo liegen die Stärken, wo die Schwächen dieses Modells? Wie können Seminarleitende bzw. Texterinnen und Texter das Modell vertiefen? Gehen Sie hier mit unserer Beratungspraxis konform?

Dr. Benedikt Lutz: Ich habe mich in meinem Buch »Verständlichkeitsforschung transdisziplinär« detailliert mit den Vor- und Nachteilen des Hamburger Verständlichkeitsmodells auseinandergesetzt. Dieses Modell wurde von fachlinguistischer Seite stark kritisiert wegen mangelnder Berücksichtigung sprachlicher Strukturen und geringer theoretischer Fundierung. Diese Kritik ist zwar berechtigt, doch der praktische Erfolg dieses Zugangs sollte durchaus zu denken geben. Das Hamburger Modell dominiert seit den 1970-er Jahren den Beratermarkt in Sachen verständliche Textgestaltung. Es ist plausibel und leicht erlernbar, es umfasst wesentliche Dimensionen der Textverständlichkeit und verbindet »Diagnose« und »Therapie« auf einfache Weise. Zudem verlangt es keinerlei linguistische Vorkenntnisse.

Dieser Vorteil ist allerdings gleichzeitig auch ein gewisser Nachteil: Beim Optimieren von Texten muss man oft »hart am Text« arbeiten, und da ist Hintergrundwissen über syntaktische Strukturen, Terminologie und spezifische Eigenschaften bestimmter Fachsprachen und Textsorten nötig. Um wirksame Texte zu schreiben, ist eine Einschätzung der kommunikativen Ziele, des Vorwissens und der Sprachkompetenz des Zielpublikums ebenso wichtig wie die Kenntnis der Rahmenbedingungen und der jeweiligen Textsortenkonventionen. Relevante Fragen gehen dabei weit über die sprachliche Gestaltung im engeren Sinne hinaus. Durch die Verfügbarkeit neuer Medien gibt es neue und womöglich besser geeignete Lösungen. Man denke etwa an kurze YouTube-Instruktionsvideos, die offenbar sehr gut angenommen werden, weil sie wesentlich besser »funktionieren« als klassische Help-Systeme oder Benutzerhandbücher. Oder an die »workbench« eines Versicherungsvertreters, der beim Kundenbesuch alle relevanten Informationen auf seinem Tablet präsentieren kann. Da werden Themen wie Usability, User Experience und attraktives Layout viel wichtiger.

Zusammenfassend zum Hamburger Verständlichkeitsmodell: Das ist eine gute Basis, doch für differenzierte Analysen und Optimierungsaufgaben sollte man je nach Bedarf textlinguistische, terminologische, designerische und Usability-Expertise beiziehen. Technische Redakteure und Informationsdesigner können für diese fachübergreifende Zusammenarbeit ebenso hilfreich sein wie Expertinnen und Experten für PR und Organisationskommunikation.

Bei allgemeinen Schulungen zum verständlichen Schriftverkehr ist das Hamburger Verständlichkeitsmodell als Orientierungsrahmen vermutlich ausreichend, wenn man dabei zusätzlich auf die Spezifika der jeweils relevanten Textsorten eingeht, wie z.b. Beschwerdebriefe, Aussendungen, interne Rundschreiben, Prozessbeschreibungen. Bei spezifischeren Seminaren (z.b. Bescheidwesen für Juristinnen und Juristen) sollte man sich aber auf eine detailliertere Analyse der jeweiligen Textsorten und deren Optimierungspotential einlassen, da greifen die Erklärungsmuster des Hamburger Modells zu wenig. Aber viele Ihrer Projekte zeichnen sich ja genau dadurch aus, dass Sie an unterschiedliche Textsorten ganz unterschiedlich herangehen.

wortwelt®: Bei unseren Wording-Projekten machen wir gerne Spezialseminare etwa für Rechtstexte oder Beschwerdemanagement. Dazu laden wir auch immer die Experten ein. Warum ist das Einbeziehen von Berufspraktikern so wichtig, wenn es um gute Fachtexte geht?

Dr. Benedikt Lutz: Die Einbindung von Fachexperten halte ich bei solchen Projekten für extrem wichtig. Als außenstehender Berater kann man sich gar nicht ausreichend tief in die fachliche Materie, die Fachsprache und die Randbedingungen der Institutioneinarbeiten. Wenn man Fachexperten nicht einbindet, bekommt man zudem häufig Probleme mit der Akzeptanz (das »Not-invented-here-Syndrom«). Für nachhaltige Lösungen ist »Hilfe zur Selbsthilfe« angesagt, mit Wertschätzung der internen Expertise, doch gleichzeitig auch konkreter praktischer Hilfestellung und Deutlichmachen der Dringlichkeit des Anliegens. Da ist ein mächtiger organisationsinterner Sponsor des Anliegens von großer Bedeutung, der für die organisatorische Verankerung und Umsetzung des Projekts sorgt. Sonst verlaufen solche Initiativen leicht im Sande.

wortwelt®: Sie schreiben, dass es bei Rechtssprache auch um das Recht auf Sprache geht – als Voraussetzung für gesellschaftliche Teilhabe. Welche Tipps geben Sie, damit »entrümpelte« Rechtstexte die Rechtssicherheit nicht gefährden?

Dr. Benedikt Lutz: Das »Recht auf Sprache« und damit die gesellschaftliche Teilhabe aller Bevölkerungsgruppen ist ein ganz wichtiges gesellschaftspolitisches Anliegen. Seit dem Zeitalter der Aufklärung wird deshalb gefordert, dass die Rechtssprache möglichst allgemeinverständlich sein soll, dazu gibt es beeindruckende Zitate schon von Kaiserin Maria Theresia und Friedrich dem Großen. Die Rechtssprache ist aber aus verschiedenen Gründen überraschend änderungsresistent, viele Initiativen für verständliche Gesetze haben wenig bewirkt, und das Anliegen ist heute angesichts der zunehmenden Verrechtlichung vieler Lebensbereiche relevanter denn je.

Bei den Juristen scheint es mir – vereinfacht gesprochen – zwei Fraktionen zu geben. Die »Bürgerfreundlichen« versuchen, in der öffentlichen Verwaltung oder auch in der Wirtschaft möglichst verständlich zu kommunizieren, die bestehenden Gesetze »kundenfreundlich« zu interpretieren und zu übersetzen (in Bescheide, Formulare, Verträge ...). Das geschieht aus der Einsicht heraus, dass dies die Kommunikation erleichtert und letzten Endes auch ökonomisch effizienter ist. Die Fraktion der »Traditionalisten« auf der anderen Seite fürchtet darum, dass durch ein solches Vorgehen die Rechtssicherheit nicht mehr gewährleistet sei. Gesetze »kaskadieren« ja gewissermaßen auch sprachlich in die Verwaltung hinein, und wenn in einer Verordnung, einem Bescheid oder einem Formular eine andere Formulierung gewählt wird als im Gesetz, dann kann ein findiger Jurist mit gewisser Berechtigung vermuten, dass etwas anderes gemeint sei.

Deshalb ist es wichtig, das »Übel« bei der Wurzel zu packen, d.h. bei der Strukturierung und Formulierung von Gesetzen selbst anzusetzen. Das ist ein langwieriges Unterfangen, doch in den letzten Jahren sind bei neuen Gesetzesvorhaben durchaus Fortschritte erkennbar. Initiativen zur verbesserten Behördensprache sollten dieses Grundproblem immer mitberücksichtigen, und jedenfalls hoch kompetente Juristen und Legisten bei der Verbesserung der Kundenkommunikation einbeziehen. Dies gilt besonders für Initiativen in Richtung verbesserte Bescheide. Diese Textsorte hat hohes Optimierungspotenzial und betrifft viele Bürgerinnen und Bürger unmittelbar, man denke etwa an den Bescheid zur Parkometerabgabe in Wien (für das sogenannte »Parkpickerl«).

wortwelt®: Sie unterscheiden auch zwischen komplexen und komplizierten Texten. Wo liegt für Sie der Unterschied? Wie kann man komplexe Texte, wie komplizierte Texte verständlicher machen?

Dr. Benedikt Lutz: Das ist eine Unterscheidung, die im Hamburger Verständlichkeitsmodell explizit nicht vorkommt, die ich aber für wichtig halte. Komplexität betrifft in meinem Modell die inhaltliche Ebene, Kompliziertheit die äußere Gestaltung. Komplexität sollte man optimieren, und Kompliziertheit minimieren. Ein Beispiel: Wenn ein Gesetz viele Ausnahmen zu allgemeinen Regelungen vorsieht (z.B. Übergangsbestimmungen, Berücksichtigung von spezifischen Gruppen und Härtefällen etc.), so wird das Gesetz inhaltlich komplex. Dies kann als Ausdruck von politischen Kompromissen und Entscheidungsprozessen durchaus notwendig sein. Die überdurchschnittlich langen Sätze in Gesetzen ergeben sich allerdings nicht aus einer Notwendigkeit, sondern aus den historisch gewachsenen Traditionen der Textsorte Gesetz. Hier kann man ohne Verlust an Präzision durch die Vereinfachung syntaktischer Strukturen und Verkürzung der Satzlänge erhebliche Verbesserungen der Verständlichkeit erzielen.

wortwelt®: Für uns lautet ein Kriterium für Verständlichkeit »sympathisch«. Es geht auch darum, ob sich die Lesenden angesprochen fühlen. Sonst ist die Wahrscheinlichkeit geringer, dass Texte gelesen, angenommen und in letzter Konsequenz verstanden werden. Für uns gehört hier auch das Thema Gendern dazu. Sehen Sie auch einen Konnex zwischen dem direkten und geschlechtergerechten Ansprechen und dem Thema Verständlichkeit? Und wenn ja, warum?

Dr. Benedikt Lutz: Das ist ein hoch emotionalisiertes Thema, das von unterschiedlichen Bevölkerungsgruppen sehr unterschiedlich wahrgenommen wird. Was die einen als »Genderwahn« bezeichnen, ist für andere in den letzten Jahren eine Selbstverständlichkeit geworden. Oberflächlich betrachtet ist es klar, dass Gendern die Komplexität (und auch die Kompliziertheit) von Texten steigert. Wenn man die Frauen immer nur mitmeint, dann macht man es sich jedenfalls einfacher. Auf der anderen Seite ist das Anliegen absolut berechtigt, Frauen auch sprachlich sichtbar zu machen, denn Sprache, Wahrnehmung und Denken stehen in einem engen Zusammenhang.

Der Zugang zu diesem Thema über die Kategorie »Sympathisch« ist in diesem Zusammenhang vermutlich gut passend. Ein Zielpublikum will so angesprochen werden, wie es sich erwartet. In den meisten Firmen erwarten die Kolleginnen und Kollegen eine Anrede, in der Frauen nicht nur mitgemeint sind; und ähnliches gilt natürlich auch für Kundinnen und Kunden. »Sympathisch« bedeutet aber auch, das Gendern in Form und syntaktischer Ausprägung nicht zu übertreiben und zum Beispiel immer und überall durchgängig Paarformen zu verwenden, auch bei direkten und indirekten Objekten, à la »die Schülerinnen und Schüler wählen aus ihrer Mitte eine Klassensprecherin oder einen Klassensprecher und deren bzw. dessen Stellvertreterin oder Stellvertreter, der oder die die Interessen der Schülerinnen und Schüler gegenüber den Lehrerinnen und Lehrern vertritt«. »Variatio delectat« ist ein wichtiges Prinzip in der Stilistik, und das gilt auch für das Gendern. Wenn sich das Sichtbarmachen der Lächerlichkeit preisgibt, dann ist keinem gedient. In Summe denke ich, man sollte sich diesem Thema mit Ernsthaftigkeit, doch auch mit gewisser Gelassenheit annähern.

wortwelt®: Wir hören oft das Argument: »Ich hab immer schon so geschrieben, dieses ganze neumodische Wording-Zeug bringt doch eh nichts.« Oder: »Ob ich freundlich bin oder nicht, hat keine Auswirkung – ganz im Gegenteil.« Wir kontern dann gerne mit besonders freundlich geschriebenen und erfolgreichen Mahnschreiben oder mit anderen Argumenten wie Zeit- und Kostenersparnis. Welche Argumente würden Sie hier ins Spiel bringen?

Dr. Benedikt Lutz: In der internationalen Fachliteratur wird immer wieder von messbaren und monetär bewertbaren Erfolgen solcher Projekte geschrieben, wie z.B. Verringerung von Nachfragen und Kundenreklamationen, Beschleunigung im Bearbeitungsprozess oder Imageverbesserungen, die zu höherer Nachfrage führen. Diese Daten stammen aus unterschiedlichsten Projekten, von Informationsdesignern, Plain-Language-Initiativen oder aus dem Umfeld Lean Management. Sie stammen allerdings meist aus Pilotprojekten, die ohnehin besondere Aufmerksamkeit genießen. Sie sind vor allem hinsichtlich der langfristigen Wirksamkeit nicht sehr valide.

Der Ausgangspunkt von Sprachoptimierungs-Projekten sind häufig Schlüsselerlebnisse wichtiger Mitarbeiter in einer Organisation, die selbst erlebt haben, dass irgendetwas kommunikativ gravierend schiefgelaufen ist. Das sollte man sich jedenfalls zunutze machen und diese Personen mit ihren Beispielen als »Paten« des Projekts und für Testimonials nützen.

Für die praktische Arbeit denke ich: Deutlich sichtbare und gut nachvollziehbare Beispiele dysfunktionaler Kommunikation sind bei der Überzeugungsarbeit besonders wirksam. Wir kennen diesen Mechanismus aus Usability-Projekten, die ja eine ähnliche Überzeugungsarbeit leisten müssen. Wenn man als Software-Entwickler in einem Usability-Video mit Thinking-aloud-Technik kaufwillige Besucher eines Webshops offensichtlich scheitern sieht, dann werden die schlauesten Argumente hinfällig, dass das Interface doch so gut durchdacht sei.

Ihre Methode, Überzeugungsarbeit mit Vorher-Nachher-Beispielen zu leisten, ist sicher erfolgversprechend. Vor allem, wenn Workshop-Teilnehmerinnen und Teilnehmer komplizierte Textpassagen erst selbst neu formulieren müssen. Mir gefällt auch, dass Sie immer mit den eigenen Texten der Teilnehmenden arbeiten. Der Lerneffekt ist so sicherlich höher.

Ich empfehle, sich der Arbeit an eigenen Texten schrittweise anzunähern, denn Kritik an fremden Texten fällt jedem bedeutend leichter als Selbstkritik, Texte sind ja etwas recht Persönliches. Dabei ist ein gezielter Perspektivenwechsel sehr nützlich. Wenn man einen »fremden« Text zunächst aus der Rolle eines Kunden wahrnimmt, kritisiert und anschließend zu optimieren versucht, dann fällt in der Folge die Kritik und Optimierung eigener Texte wesentlich leichter.

wortwelt®: Sie schreiben in Ihrem Buch auch, dass ein optimaler Text nicht ein maximal verständlicher Text ist?

Warum ist das so und was zeichnet in Ihren Augen einen optimalen Text aus?

Für uns ist ein optimal geschriebener Text nicht nur verständlich, sondern schafft Lesefreude. Wir sprechen hier gerne von Markensprache – Sprache, die die Identität eines Unternehmens oder einer Organisation unterstreicht. Nach dem Motto: Wiedererkennung macht Freude. Welches Potenzial hat Markensprache für Sie?

Dr. Benedikt Lutz: Wenn man von einzelnen Dimensionen der Verständlichkeit spricht (wie im Hamburger Verständlichkeitsmodell und in meinem eigenen), so sollte man zwischen maximalen Werten hinsichtlich einer Dimension und optimalen Werten unterscheiden. Ein Beispiel zur Dimension »Kürze-Prägnanz« im Hamburger Modell: Ein Text kann extrem kurz sein (Maximum) oder extrem weitschweifig (Minimum). Das erwünschte Optimum hinsichtlich dieser Dimension hängt von der Textsorte ab. Ein Warnhinweis auf einem Feuerlöscher oder einer Maschine in einer Werkshalle sollte extrem kurz und eindeutig formuliert werden. Ein Lehrtext in einem Schulbuch sollte aber hinsichtlich dieser Dimension einen mittleren Wert annehmen: Eine zusammenfassende Inhaltsangabe mit den Lehrzielen zu Beginn eines Abschnitts unterstützt die Orientierung, und einprägsame Beispiele oder eine anschauliche Hintergrundgeschichte machen diesen Text länger, aber in Summe interessanter und vermutlich auch besser verständlich.

Je Textsorte und Zielpublikum sollte man ein Merkmalsbündel erwünschter Eigenschaften erarbeiten und dann bei Optimierungsworkshops gezielt in diese Richtung vorgehen. Ein »optimaler« Text sollte dann am ehesten diesem Merkmalsbündel entsprechen. Wenn man ohne Rücksicht auf die Anforderungen der Textsorte alle Dimensionen gleichzeitig maximieren will, erhält man keine brauchbaren Lösungen. Besonders deutlich wird das bei der Dimension »anregende Zusätze« im Hamburger Verständlichkeitsmodell. Für viele rein fachbezogene Textsorten wie Gesetze, Operationsberichte, Formulare oder Protokolle würden anregende Zusätze meist deplaziert wirken. Für identitätsstiftende Anteile einer Corporate Language sind anregende Zusätze – in Maßen – absolut wichtig, denn genau so entsteht Markensprache, Wiedererkennbarkeit und Identifikation mit dem Unternehmen. Das betrifft im Übrigen nicht nur die Sprache im engeren Sinne, sondern ganz stark auch das Layout und Corporate Design. Insofern sind durchgängige Corporate Language-Initiativen nach innen und nach außen wichtige Elemente der Identitätsstiftung und Kundenbindung.

wortwelt®: Vielen Dank für das interessante Gespräch, lieber Herr Dr. Lutz. Wir gehen mit dem guten Gefühl, dass unser wortwelt®-Weg nicht wirklich vom Pfad der Wissenschaft abweicht.

Quellen

Arbeiterkammer Wien (2017a): Ratgeber 14 Jahre, was nun? Wien

Arbeiterkammer Wien (2017b): Ratgeber Betriebskosten. Wien

Arbeiterkammer Wien (2017c): Ratgeber Konsumentenrechte. Wien

Arbeiterkammer Wien (2017d): Ratgeber Kredite. Wien

Arbeiterkammer Wien (2018a): Ratgeber Arbeitsrecht griffbereit. Wien

Arbeiterkammer Wien (2018b): Ratgeber Ausbildung Lehre. Wien

Arbeiterkammer Wien (2018c): Ratgeber Freier Dienstvertrag. Wien

Arbeiterkammer Wien (2018d): Ratgeber Kinderbetreuungsgeld. Wien

Arbeiterkammer Wien (2018e): Ratgeber Steuer sparen. Wien

Arbeiterkammer Wien (2018f): AK Ratgeber Unterwegs mit Bahn und Bus. Wien

Facebook Deutsche Bahn Personenverkehr (Jänner 2015): https://www.facebook.com/DBPersonenverkehr/

Heise, Elke (2000): Sind Frauen mitgemeint? Eine empirische Untersuchung zum Verständnis des generischen Maskulinums und seiner Alternativen. In: Zeitschrift für Sprache und Kognition, 19, 3–13

NeumannZanetti & Partner: Newsletter. Schweiz, www.nzp.ch

Seidel, Wolfgang/Stauss, Bernd (2007): Beschwerdemanagement. Unzufriedene Kunden als profitable Zielgruppe. Carl Hanser Verlag: München

Verfassungsgerichtshof (2012): Ausgewählte Entscheidungen des Verfassungsgerichtshofes. 77. Band, 1. Halbjahr. VfSlg 12.420/1990

Wirtschaftskammer Oberösterreich (2009): Kundenorientierung mit HerzVerstand. Servicegeschichte aus der Wirtschaftskammer Oberösterreich

Wirtschaftskammer Österreich (2007): Begeistern mit Herz und Verstand. Servicegeschichte aus der Wirtschaftskammer Österreich

Wirtschaftskammer Kärnten (2009): Servicegeschichte aus der Wirtschaftskammer Kärnten

Wirtschaftskammer Salzburg (2009): WKS Service mit Herz-Verstand. Servicegeschichte aus der Wirtschaftskammer Salzburg

Anmerkungen

1 R. Beekveldt, Spaß am Lesen Verlag und Level One Studie Uni Hamburg 2011

2 Seidel, Wolfgang/Stauss, Bernd (2007): Beschwerdemanagement. Unzufriedene Kunden als profitable Zielgruppe. Carl Hanser Verlag: München

3 NeumannZanetti & Partner: Newsletter. Schweiz, www.nzp.ch

4 Facebook Deutsche Bahn Personenverkehr (Jänner 2015): https://www.facebook.com/DBPersonenverkehr/

5 Heise, Elke, 2000: Sind Frauen mitgemeint? Eine empirische Untersuchung zum Verständnis des generischen Maskulinums und seiner Alternativen. In: Zeitschrift für Sprache und Kognition, 19, 3–13

6 wortwelt© Wettbewerb: Ausgezeichnete Korrespondenz, 2003

7 Werner Molik, Verkehrsverbund Ost-Region (VOR), 2007

8 Morawa Buch und Medien GmbH

9 Jako-o Möbel und Spielmittel für die junge Familien GmbH